뉴요커의 일상 브이로그 영어 회화

100%

· DAILY LIFE

EMAIL

BUSINESS

TELEPHONE ENGLISH

뉴욕현지

리얼리티

영어

Real Life

🖥 **DARAKWON**

100% 뉴욕 현지 리얼리티 영어 Real English

지은이 다락원 영어 콘텐츠팀
펴낸이 정규도
펴낸곳 ㈜다락원

초판 1쇄 발행 2020년 2월 20일
초판 3쇄 발행 2023년 2월 3일

편집총괄 정계영
책임편집 김지은, 김영실
디자인 유수정, 최지영
전산 편집 엘림

DARAKWON 경기도 파주시 문발로 211
내용문의: (02)736-2031 내선 329
구입문의: (02)736-2031 내선 266~269
Fax: (02)732-2037
출판등록 1977년 9월 16일 제406-2008-000007호

값 15,000원

ISBN 978-89-277-0123-1 14740
     978-89-277-0121-7(세트)

http://www.darakwon.co.kr
· 다락원 홈페이지를 방문하시면 상세한 출판 정보와 함께 여러 도서의 동영상 강좌,
  MP3 자료 등 다양한 어학 정보를 얻으실 수 있습니다.

매일매일 보고 싶은 진짜 영어, 뉴욕 현지 리얼리티 영어

100% 뉴욕 현지 리얼리티 영어는 어떤 시리즈인가요?

이 시리즈는 뉴요커들의 현지 일상이 담긴 100% 리얼리티 영어 브이로그입니다. 대한민국 성인 학습자들이 가장 궁금해 하는 주제를 모아 브이로그 형식으로 구성했습니다. 대본 없이 진행되는 100% 리얼리티 뉴요커의 일상을 담아 영어의 리얼함을 느낄 수 있고 낯선 듯 익숙한 뉴요커의 일상이 매력적으로 다가올 것입니다.

100% 뉴욕 현지 리얼리티 영어로 배우면 어떤 점이 좋을까요?

뉴욕타임즈나 영어 연설을 보면서 고급 영어를 배울 수는 있습니다. 하지만 일생생활에서 항상 그런 격식 있는(formal) 영어를 사용하는 건 아닙니다. 현실의 영어는 훨씬 폭넓고 다양합니다. 그래서 영어를 배울 때 다양한 소스로 배우는 게 중요합니다. 브이로그는 일상생활의 모습을 그대로 담고 있고 다양한 주제들로 제작된 것들이 많기 때문에 영어회화를 배울 때 탁월한 방법입니다. 특히 미국인들이 많이 쓰는 쉽고 간단한 기초 회화부터 중급 회화까지 실제 현지인들이 쓰는 구어 표현을 익힐 수 있습니다.

또한, 브이로그에서는 다양한 사람들과 만나고 소통한 내용을 그대로 담고 있습니다. 실제 상황에서 상대방과 대화할 때 어떻게 상호작용(interactive)하는지 언어의 모습을 그대로 느낄 수 있고, 원어민들이 자연스럽게 발화하는 속도나 표현을 배울 수 있습니다. 브이로그에 나오는 상황을 직관적으로 이해할 수 있어서 정중한 표현, 공손한 표현, 캐주얼한 표현 등을 익혀 적재적소에 활용할 수 있습니다.

이런 언어적인 단서뿐만 아니라 영상만 봐도 어떤 상황인지 파악할 수 있으며 표정이나 제스처도 고스란히 느낄 수 있습니다. 이런 비언어적인 단서들은 상황을 더 잘 이해하고 메시지에 집중할 수 있도록 도와줍니다. 영어 환경에 직접 노출되어 있지 않은 상황이라면 브이로그는 실제 언어가 쓰이는 상황에 노출을 시켜주기 때문에 영어 회화를 쓸모 있게 배울 수 있습니다.

100% 뉴욕 현지 리얼리티 영어 시리즈를 통해 리얼한 영어를 느껴보세요. 그리고 계속해서 나의 취미, 나와 맞는 브이로그를 꾸준히 발견하면서 세계와 소통하는 영어의 재미에 푹 빠져보세요. 어느 날 좋아하는 브이로거에 코멘트를 달고, 직접 영어로 브이로그를 만드는 날이 올지도 모르니까요.

그럼 진짜 영어를 만나는 **100% 뉴욕 현지 리얼리티 영어**를 시작해 볼까요?

목 차

이 책의 구성 및 활용법

100% 뉴욕 현지 리얼리티 영어
내 것으로 만드는 학습법

이 책은 앞에서부터 차례대로 봐도 되고 관심이 가는 토픽부터 골라봐도 상관없습니다. 하지만 한번에 몰아서 드문드문 하는 것보다는 매일 일정한 시간을 정해 놓고 꾸준히 하는 것을 권장합니다.

1 영어로 어떻게 말할까요?

스스로 영어 문장을 만들어 보는 연습이 필요합니다. 힌트에 나온 단어를 활용하여 최대한 스스로 먼저 만들어 보세요. 한 번 스스로 유추해보면 그 문장은 더 오래 기억에 남습니다. 무엇보다 눈으로 보는 것은 회화 실력 향상에 큰 도움이 안 됩니다. 꼭 열심히 입을 움직여서 여러 번 말해 봐야 합니다.

2 CORE SENTENCES

앞서 유추했던 한국어 문장의 자연스러운 영어 표현을 배웁니다. 문장의 의미를 파악하고 나면 이를 응용하여 단어를 바꿔보면서 자신만의 문장을 만들어 볼 수 있습니다. 비슷한 표현이나 추가 표현을 자세히 익혀 실제 회화 실력을 키울 수 있습니다.

3 REAL SITUATION in NEW YORK

CORE SENTENCES에서 배운 문장이 대화에서 어떻게 활용되는지 확인합니다. 상황의 맥락을 통해 언어를 이해하는 게 중요하므로 전체 대화문은 상황을 이해하는 정도로 파악하세요. 꼭 다 암기해야 한다는 부담감은 잠시 내려 두세요.

4 AMERICAN CULTURE

토픽과 관련 있는 미국 문화를 배울 수 있습니다. 미국인의 고유한 사고 방식이나 가치관, 미국 사회의 다양성 등 문화를 알면 영어가 살아있는 언어로 다가옵니다.

전체 대화문 MP3 Files

모든 과의 전체 대화문을 MP3 음원으로 제공합니다. MP3 음원은 옆의 QR코드를 스마트폰으로 찍어서 바로 들을 수도 있고, 다락원 홈페이지(darakwon.co.kr)에서 무료로 다운받을 수 있습니다.

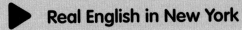 **Real English in New York**

100%
뉴욕 현지
리얼리티 영어

 **LET'S START**

주유할 때

뉴요커 다희 씨가 주유소에서 직원과 대화를 나누고 있습니다. 어떤 대화를 나누는지 살펴볼까요?

⟨?⟩ 영어로 어떻게 말할까요?

1 혹시 가득 넣으면 얼마나 나오는지 아세요?

[힌트] how, fill

2 현금으로 하려고 했는데요.

[힌트] pay

궁금증 해결은
다음 페이지에서 !

AMERICAN CULTURE

미국의 주유소

주유소 하면 기름이 떠올라서 oil bank라고 하면 안 되고요. gas station이라고 해야 맞습니다. 그런데 gas station에서 s는 연음되므로 한번만 발음해서 [개스테이션]이라고 해야 합니다.

북미는 아주 넓기 때문에 보통은 자동차 렌트를 하는데 주마다 주유소가 많을 수도 있고 적을 수도 있기 때문에 주유소가 적은 주에 갈 때는 미리 기름을 채워두는 게 좋습니다. 미국의 경우는 대부분의 주유소는 셀프 주유 방식으로 운영됩니다. 미국의 주유소는 편의점이나 마트가 입점 되어 있는 경우가 있고, 대형 트럭이 많이 주차 되는 곳은 트럭 스톱(truck stop)이라고 하는데 주유, 휴식, 식사뿐아니라 쇼핑, 영화관이 입점해 있는 경우도 있습니다. 결제 진행 후에 주유기가 활성화되면 보통(regular), 플러스(plus), 프리미엄(premium)을 선택한 후 주유를 진행하면 됩니다. 만일을 대비해 영수증을 꼭 챙겨두세요.

 **CORE SENTENCES**

영어 표현에 관한 궁금증을 해결해 볼까요?

1 혹시 가득 넣으면 얼마나 나오는지 아세요?

Do you by chance know about how much it'd be to fully fill it up?

'혹시'는 **by chance**라고 합니다. 그래서 '~에 대해서 혹시 아세요?'는 **Do you by chance know about ~?**이라고 하면 됩니다.

Do you by chance know about _____?

> **how long it will take**
> 얼마나 오래 걸리는지

> **how far it is from here to Brooklyn**
> 여기서 브루클린까지 얼마나 먼지

it'd는 **it would**의 축약형으로 **would**에는 '~하게 되면'이라는 가정의 의미가 있습니다. '기름을 가득 채우다'는 **fully fill it up**인데요. **it** 같은 대명사가 목적어로 올 경우 **fill it up**처럼 동사와 부사 사이에 와야 해요. **fill up it**이라고는 쓰지 않아요.

I'll pick you up at the airport at 3 p.m. (O)
I'll pick up you at the airport at 3 p.m. (X)
제가 3시까지 공항에 데리러 갈게요.

하지만 명사가 목적어로 올 경우 '동사+부사+명사' 또는 '동사+명사+부사' 둘 다 쓸 수 있습니다.

I'll pick up my wife at the airport.
= I'll pick my wife up at the airport.
나는 공항에 아내를 데리러 갈 거예요.

 추가표현

주유소에서 쓸 수 있는 필수 표현 몇 가지 더 살펴볼게요.

Could you fill it up, please? 가득 넣어 주시겠어요?

How do I use the pump? 주유 펌프는 어떻게 사용하는 거예요?

I'll take $20, please. 20달러만큼 넣을게요.

Remove the nozzle. 노즐을 빼세요.

현금으로 하려고 했는데요.

I was gonna pay with cash.

I was gonna는 '~하려고 했다'라는 의미로 'I was going to+동사원형'의 비격식적인 표현이에요. 그래서 gonna 다음에 동사원형인 pay가 왔어요. 반면에, be going to+장소(~에 가다)는 gonna로 줄여서 쓰지 않아요.

I was gonna[was going to] _____.

> **do** 하다
> **say that** 그것을 말하다
> **go out** 나가다

'~으로 내다, 결재하다'는 **pay with ~** 패턴을 써서 표현할 수 있어요.

I'd like to pay with _____.

> **cash** 현금
> **credit card** 신용 카드

➕ 추가표현

be going to와 will은 둘 다 '~할 거예요'라는 앞으로 할 일에 대해 말할 때 쓰는 미래를 나타내는 조동사입니다. 두 표현은 비슷하게 쓰이기도 하지만 때로 쓰이는 상황이 다른 경우도 있습니다. 예문을 통해 그 차이를 느껴보세요.

• 먼저 확실히 정해진 계획을 말할 때는 **be going to**를 쓰고, 미래의 하고 싶은 꿈을 말할 때는 **will**을 씁니다.

I am going to help you with your work.
내가 네 일을 도와줄게.

Someday I will travel all over the country.
언젠가 전국을 여행할 거예요.

• 몇 달 혹은 지금으로부터 수년 후에 발생할 일에 대해서는 **will**을 쓰고, 내일 혹은 다음 주 같이 곧 일어날 일을 말할 때는 **be going to**를 씁니다.

I will attend the graduate school a few years later.
저는 몇 년 후에 대학원에 갈 거예요.

▶ CORE SENTENCES

I am going to eat lunch with my friends this afternoon.

오늘 오후에 내 친구들하고 점심을 먹을 거예요.

· 요청이나 요구를 할 때는 will을 쓰고, 어떤 일이 일어나기 바랄 때는 be going to를 씁니다.

Will you buy a coffee for me? Thank you.

나 커피 좀 사다 줄래? 고마워.

Are you going to review my new movie?

내 새 영화에 대해 리뷰를 쓸 건가요?

· 어떤 일을 약속할 때는 will을 씁니다.

I promise I will never be late again.

나는 다시 늦지 않을 거라고 약속할게.

· I will은 I'll로, I will not은 I won't로 줄여 쓸 수 있어요. 회화에서 아주 많이 사용되는 형태입니다.

I am sorry. I won't be late again.

미안해요. 다시는 늦지 않을게요 .

뉴요커 다희 씨가 주유소 직원과 나누는 대화 내용입니다. 앞에서 배웠던 표현을 확인해 보세요!

Dahee	**1** 혹시 가득 넣으면 얼마나 나오는지 아세요?
Staff	Maybe... I don't know. I'm not sure. Maybe $20... 50?
Dahee	20 dollars-ish? OK.
Staff	Do you pay cash or credit (card)?
Dahee	**2** 현금으로 하려고 했는데요. But I don't think I have enough, so can we just do $10 in card?
Staff	Oh, yeah. OK.
Dahee	And we pay here, not inside. Right?
Staff	No, here.
Dahee	Here? OK.
Staff	$10, right?
Dahee	Yes. Thank you so much.

다희	**1** Do you by chance know about how much it'd be to fully fill it up?
직원	아마… 모르겠네요. 확실하지는 않지만. 20달러… 50센트?
다희	20달러 정도요? 알겠습니다.
직원	현금인가요, 카드인가요?
다희	**2** I was gonna pay with cash. 근데 좀 모자랄 것 같아서요, 10달러는 카드로 할 수 있을까요?
직원	오, 네. 그러세요.
다희	여기서 결제하는 거죠, 안에서 말고요. 그렇죠?
직원	네, 여기서 하시면 돼요.
다희	여기서요? 네.
직원	10달러, 맞으시죠?
다희	네. 감사합니다.

| WORDS |

20 dollars-ish 20달러쯤 (-ish '…정도요, 대략이요, 같은'으로 명사에 붙여서 그 특징을 말할 때 씁니다.)

15

뉴요커 다희 씨가 영화관의 키오스크 앞에 서 있습니다. 키오스크에서 어떻게 영화표를 사는지 살펴볼까요?

[?] 영어로 어떻게 말할까요?

1 10시 45분 영화 '어벤져스' 성인 티켓 2장 주세요.
[힌트] purchase, adult

2 좋은 좌석으로 추천해 주실 수 있나요?
[힌트] recommend

직원이 물어볼 수 있는 말로

3 좌석은 어디로 해드릴까요?
[힌트] seat

궁금증 해결은
다음 페이지에서 [!]

AMERICAN CULTURE

미국의 영화관

미국 영화관(movie theater)을 얼핏 보면 한국과 비슷한 것 같지만 자세히 보면 조금 다른 점을 발견할 수 있습니다. 우선 우리는 티켓을 사면 자리를 보통 지정해 주는데요 미국 영화관에서는 선착순으로 앉습니다. 즉, 표를 일찍 샀지만 늦게 입장한다면 맨 앞에 앉게 되는 경우도 있습니다. 또한 영화를 온라인으로 예매하면 추가금을 내야 합니다. 미국 영화관은 우리나라보다 조금 비싸지만 좌석이 넓고 편안합니다. 여행 중이라면 영화관을 체험해 보는 것도 좋을 거 같아요.

▶ CORE SENTENCES

영어 표현에 관한 궁금증을 해결해 볼까요?

1

10시 45분 영화 '어벤져스' 성인 티켓 2장 주세요.

I'd like to purchase two adult tickets for Avengers at 10:45 p.m.

영화관에서 '티켓 2장 주세요'는 **purchase**나 **buy**를 써서 '**I'd like to purchase**＋인원수＋**for** 영화명＋**at**＋상영시간'으로 말할 수 있습니다.

I'd like to purchase ＿＿＿＿＿＿＿＿ **for** ＿＿＿＿＿ **at** ＿＿＿＿＿.

three adult tickets	Parasite	7:00 p.m.
one adult tickets	Frozen	1:00 p.m.

'○○ 영화표를 몇 장 주세요.' 할 때 아래와 같이 간단히 말할 수도 있어요.

I'd like to purchase two tickets for Avengers
= Can I get two tickets for Avengers?
= Two tickets for Avengers, please?

➕ 추가 표현

팝콘이나 음료 사이즈는 **small**(소형), **medium**(중형), **large**(대형) 이 세 가지가 기본이에요. 이 외에도 음식을 주문할 때 필요한 표현을 알아볼게요.

Could I get a small popcorn and a medium drink?
팝콘 스몰 사이즈랑 음료 미디엄 사이즈로 주세요.

I'll have a hotdog and nachos.
핫도그랑 나쵸 주세요.

I'll have a combo No.1.
콤보 1번으로 주세요.

I'll get that.
그걸로 할게요.

2

좋은 좌석으로 추천해 주실 수 있나요?

Could you recommend some good seats?

'좋은 좌석'은 good seats, '~을 추천해 주실 수 있나요?'는 Could you recommend ~?라고 합니다. 그래서 Could you recommend some good seats?는 '좋은 좌석을 추천해 주실 수 있나요?'가 됩니다. '~를 위해서'라는 의미로 'for+사람'을 뒤에 붙일 수 있어요.

Could you recommend _____?

        a movie 영화

        a book for my kid 우리 애를 위한 책

        a gift for my friend 친구를 위한 선물

3

좌석은 어디로 해드릴까요?

What seat would you like?

What seat은 '어느 좌석', **would like**은 '~하기를 원하다'는 뜻입니다. **want**와 비슷한 뜻인데요. 친한 친구나 격식이 없는 상황에서는 **want**, 서로 격식을 차려야 하는 사이라면 **would like to**를 씁니다. 따라서 **What seat would you like?**은 '어느 좌석으로 해드릴까요?'라는 뜻입니다. 'what+명사'로 구체적으로 원하는 것을 물을 수 있어요.

What movie would you like to see?
무슨 영화를 보고 싶으세요?

What color do you want to paint it?
무슨 색으로 칠하고 싶어?

➕ 추가표현

직접 좌석을 골라야 하는 경우 그때는 남아 있는 좌석인 **remaining seats**가 어디인지 물어보면 됩니다.

Could you show me the remaining seats?
= Please show me the remaining seats.
남아 있는 좌석을 보여주실 수 있나요?

여러 명이 함께 관람할 수 있는 붙어 있는 좌석을 원한다고 할 때는 **next to one another**라는 표현을 씁니다.

I'd like to get 4 seats next to one another.
네 자리 붙어있는 자리로 주세요.

뉴요커 다희 씨가 영화관의 키오스크에서 티켓을 사고 있습니다. 앞에서 배웠던 표현을 확인해 보세요!

(in front of a kiosk)

Dahee　**1** 10시 45분 영화 '어벤져스' 성인 티켓 2장 주세요.

　　　　2 좋은 좌석으로 추천해 주실 수 있나요?

　　　　3 (A staff can ask) '좌석은 어디로 해드릴까요?'

(영화관 키오스크 앞에서)

다희　**1** I'd like to purchase two adult tickets for Avengers at 10:45 p.m.

　　　2 Could you recommend some good seats?

　　　3 (직원이 물어볼 수 있는 말로) "What seat would you like?"

동료에게 회의 참석을 재촉할 때

뉴요커 다희 씨가 회사 동료와 대화를 나누고 있습니다. 어떤 대화를 나누는지 살펴볼까요?

(?) 영어로 어떻게 말할까요?

1 회의 곧 시작하는데. 올 거죠?
> (힌트) soon, come

2 이 일 먼저 처리하고 갈게요.
> (힌트) take

3 거의 다 했어요. 바로 갈게요.
> (힌트) done, head

궁금증 해결은
다음 페이지에서 (!)

CORE SENTENCES

영어 표현에 관한 궁금증을 해결해 볼까요?

1

회의 곧 시작하는데. 올 거죠?

The meeting is gonna start soon.
Are you coming?

---

gonna는 be going to의 구어적인 표현으로 미래를 나타낼 때 쓰여요. **to** 다음에 동사원형이 오기 때문에 여기서도 **start**가 왔어요. **Are you coming?**은 '올 거지?'라는 의미인데요, 여기서처럼 **be -ing**의 현재진행형은 정해진 가까운 미래를 나타내기도 합니다.

A: What are you doing tonight?
오늘 밤에 뭐할 거야?

B: I am going to see a movie.
영화 보러 갈 거야.

2

이 일 먼저 처리하고 갈게요.

Let me take care of this first and I'll go.

Let me는 '~하게 해주세요, 할게요'라는 뜻으로 부탁을 하거나 허가를 구할 때 써요.

Let me know the meeting time.
회의 시간을 알려주세요.

take care of는 '~을 돌보다'라는 의미로 알고 계시죠? 하지만 이 표현은 '~을 처리하다'라는 뜻도 있어요. 여기서처럼 '이 일 먼저 처리할게요'는 **Let me take care of this first.**라고 해요.

No problem. I will take care of it.
걱정 마세요. 제가 처리할게요.

My sister was busy taking care of her baby.
우리 언니는 아기를 돌보느라 바빴어요.

3

거의 다 했어요. 바로 갈게요.

I'm almost done. I'll head in right away.

여기서 **I'm almost done.**은 '거의 다 했어요'라는 의미예요. **almost** 대신에 **in a minute**를 쓰면 좀더 격식 있게 보입니다.

I'm almost done. (casual)
I'll be done in a minute. (formal)

done은 과거분사이지만 형용사처럼 쓰이는데요. '사람＋is done (with＋A)'는 'A를 다 하다'의 뜻이 됩니다. **with A**는 종종 생략되는 경우도 있습니다.

Are you done with the book?
그 책 다 읽었어요?

➕ 추가 표현

주어가 사람이 아닐 때도 쓸 수 있어요. **A is done**의 형태로 쓰이면 'A를 다 끝냈다'는 의미입니다.

The shopping was done in just one hour.
한 시간 만에 쇼핑이 끝났어요.

head는 명사일 때는 '머리, 책임자'라는 뜻이지만 동사 **head in**으로 쓰이면 '~에 들어가다, 향하다'라는 의미가 있습니다.

He shook his head "No."
그는 "아니오." 하고 고개를 저었다.

He nodded his head "Yes."
그는 "네." 하고 고개를 끄덕였다.

I'll head in.
들어 갈게요.

right away는 '곧바로'라는 의미입니다. 이와 비슷한 표현으로 **shortly**가 있습니다.
I'll head in right away.
= **I'll be there shortly.**
곧 들어 갈게요.

뉴요커 다희 씨가 회사 동료와 나누는 대화 내용입니다. 앞에서 배웠던 표현을 확인해 보세요!

Hugo	Hey, **1** 회의 곧 시작하는데. 올 거죠?
Dahee	Yeah. This is important. **2** 이 일 먼저 처리하고 갈게요.
Hugo	Hey, are you almost done?
Dahee	**3** 거의 다 했어요. 바로 갈게요.
Hugo	OK, but hurry. We really need you.
Dahee	OK.

휴고	저기, **1** the meeting is gonna start soon. Are you coming?
다희	네. 이게 좀 중요해서요. **2** Let me take care of this first and I'll go.
휴고	다희 씨, 다 됐어요?
다희	**3** I'm almost done. I'll head in right away.
휴고	알겠어요, 좀 서둘러요. 다희 씨가 꼭 있어야 해요.
다희	네.

| WORDS |

be done 다 하다   hurry 서두르다

24

▶ 04 이메일 첨부파일 재요청할 때

뉴요커 다희 씨가 이메일을 보내고 있습니다. 어떤 내용인지 살펴볼까요?

⑦ 영어로 어떻게 말할까요?

1 보내주신 첨부파일을 실수로 삭제해 버렸어요.
(힌트) accidentally, delete

2 다시 보내주실 수 있나요?
(힌트) send

3 파일 형식을 PDF로 변환해서 주실 수 있을까요?
(힌트) convert, format

궁금증 해결은
다음 페이지에서 ①

AMERICAN CULTURE

이메일 기본 형식

업무나 일상생활에서 이메일을 자주 사용하게 되는데요. 이메일에는 일정한 형식이 있습니다. 다음과 같은 순서로 쓰면서 해당 내용을 넣어야 합니다.

1. 받는 사람 – 받는 사람 이름 앞에 **Dear**를 쓰고, 이름 뒤에 콤마를 꼭 씁니다.
   예시. Dear Anne Kim,
2. 인사말 – 인사말을 하고 자기 소개를 합니다.
   예시. Hello, Good morning, Good afternoon, I am Erika from Darakwon Publishing Company.
3. 메일 보낸 내용 – 메일을 보내게 된 이유에 대해 밝힙니다.
   예시. I am emailing you to ask some questions.
4. 답장 요청 – 마지막에 마무리 할 때 멘트입니다.
   예시. I am looking forward to hearing from you ASAP.
5. 끝맺음 – 끝맺음 말을 씁니다.
   예시. Best regards, Sincerely, Yours truly, Kind regards, Regard
6. 보낸 사람 – 보낸 사람 이름을 쓰고 마무리 합니다. 예시. Erica

CORE SENTENCES

영어 표현에 관한 궁금증을 해결해 볼까요?

 보내주신 첨부파일을 실수로 삭제해 버렸어요.

I accidentally deleted the attached file that you sent me.

'실수로 지워버렸다'는 '지우다'의 **delete**를 써서 **accidentally deleted**라고 합니다. **accident**는 명사로 '사고, 우연'이라는 뜻이지만 **accidentally**가 돼서 부사로 쓰이면 '실수로'라는 뜻이 있습니다.

She accidentally left her briefcase on the desk.
그녀는 실수로 서류가방을 책상에 두고 갔어요.

'첨부파일'은 '부착된'의 **attached** 다음에 **file**을 붙여서 **attached file**이라고 표현하면 됩니다. 여기서는 '당신이 나한테 보낸 첨부파일'의 **that you sent me**는 앞에 나온 **attached file**을 꾸며주고 있습니다. 형용사처럼 앞에 나오는 명사를 꾸며주는 것을 관계사절이라고 하며 이때 **that**은 목적격이기 때문에 생략이 가능합니다.

Please take a look at the attached résumé that you requested.
요청하신 첨부한 이력서를 확인해 주세요.

 다시 보내주실 수 있나요?

Could you send it again?

Could you ~?는 '~해주시겠어요?'라는 요청을 할 때 많이 쓰는 표현입니다. '다시 보내 주실 수 있나요?'는 **Could you send it again?**으로 하면 됩니다. 뒤에 **please** 붙이면 더 공손한 느낌을 줄 수 있어요.

Could you send it again in Excel format, please?
엑셀 형식으로 다시 보내주실 수 있나요?

3

파일 형식을 PDF로 변환해서 주실 수 있을까요?

Could you please convert it to a PDF format?

convert는 '변환하다'라는 뜻입니다. 어떤 파일 형식을 다른 형식으로 변환할 때 **convert A to B**를 씁니다.

How do I convert a file to word?
이 파일을 워드로 어떻게 변환하나요?

부탁할 때 **Could you~?**를 사용하는 데요 **Could you please ~?** 다음에 **please**를 붙이면 더 공손한 느낌입니다. 이와 비슷한 표현으로 **I would be grateful if you could~**도 있습니다.

I would be grateful if you could convert it to a PDF format.
그것을 PDF로 변환해서 주시면 감사하겠습니다.

 추가 표현

이메일을 마무리 할 때 쓸 수 있는 표현들을 몇 개 알아볼게요.

Thank you for your cooperation.
귀하의 협조에 감사드립니다.

I look forward to hearing from you.
연락 기다리겠습니다.

Please feel free to contact me if you have any questions.
문의 사항이 있으시면 언제든 연락주세요.

Let's keep in touch.
계속 연락합시다.

Hope to hear from you soon.
곧 연락 주시기 바랍니다.

뉴요커 다희 씨가 이메일을 보내고 있습니다. 앞에서 배웠던 표현을 확인해 보세요!

Dahee Oh, my gosh… I accidentally deleted the attached file. (while writing an email) Hi, I'm sorry. **1** 보내주신 첨부파일을 실수로 삭제해 버렸어요. **2** 다시 보내주실 수 있나요? When you send it this time, **3** 파일 형식을 PDF로 변환해서 주실 수 있을까요?

다희 아, 어떡해… 제가 실수로 첨부 파일을 삭제했어요.
(메일을 작성하며) 안녕하세요, 죄송한데요. **1** I accidentally deleted the attached file that you sent me. **2** Could you send it again? 이번에 보내실 때는, **3** could you please convert it to a PDF format?

| WORDS |

delete 지우다   attached 첨부된

뉴요커 다희 씨가 사람들이 북적이는 관광지에 있습니다. 다른 관광객과 어떤 대화를 나누는지 살펴볼까요?

[?] 영어로 어떻게 말할까요?

1 사진 한 장 찍어 주실 수 있나요?

[힌트] take

2 원하신 대로 나왔으면 좋겠네요. 원하시면 제가 좀 더 뒤로 갈게요.

[힌트] hope, step

3 딱 좋아요.

[힌트] good

궁금증 해결은
다음 페이지에서 [!]

CORE SENTENCES

영어 표현에 관한 궁금증을 해결해 볼까요?

1

사진 한 장 찍어 주실 수 있나요?

Could you take a picture of me?

부탁을 할 때는 **Excuse me**를 먼저 하고 사진을 찍어달라고 요청하는 게 에티켓입니다. '사진을 찍다' 는 **take a picture of ~**라고 합니다. '사진 한 장 찍어 주실 수 있나요?'는 부탁의 표현 **Could you ~?**를 써서 Could you take a picture of me?라고 하면 됩니다. **Can**보다는 **Could**가 더 공손 한 느낌입니다.

➕추가표현

사진을 찍어달라고 할 때 전신을 찍어(**full body**)달라고 할지 상반신(**from the waist up**)만 나오게 찍어 달라고 할지 구체적으로 요청을 할 때 다음과 같이 말할 수 있습니다.

Please get my full body. 전신을 찍어주세요.

Can you take a photo from the waist up?

상반신만 나오게 찍어 주실 수 있나요?

2

원하신 대로 나왔으면 좋겠네요. 원하시면 제가 좀 더 뒤로 갈게요.

Hope that's what you want.
I can step back further if you want.

'~면 좋겠어요' 하고 말할 때 **I hope**를 쓰는데요. 보통 구어체에서는 I가 생략되기도 합니다. 풍경을 더 많이 담기 위해서 뒤로 물러서서 사진을 찍기도 하는데요. '뒤로 가다'는 **step back**을 씁니다. 반대로 '앞으로 오다'는 **move forward**라고 하면 돼요.

Could you step back further?

좀 더 뒤로 가 주시겠어요?

Could you move forward?

앞으로 와 주시겠어요?

딱 좋아요.

This is good.

good은 '좋다'는 의미로 어떤 상태가 딱 알맞은 상태일 때 쓸 수 있는 표현이에요.

A: **How is the food?** 음식은 어때요?

B: **This is really good.** 정말 좋아요.

➕ 추가 표현

만약에 사진이 마음에 들지 않을 경우에 한번 더 찍어달라고 부탁할 수 있습니다. 그럴 때 다음과 같이 말하면 됩니다.

It was a shaky picture. Could I ask you to take one more, please?
사진이 흔들렸어요. 한 장 더 찍어주시겠어요?

One more shot, please.
한 장 더 찍어 주세요

관광지에서 사진 찍을 때 쓸 수 있는 유용한 표현을 몇 개 더 알아볼게요.

Would you like me to take your photo as well?
저도 사진 한 장 찍어드릴까요? (상대방에게 물어볼 때)

Could I take a picture with you?
같이 사진 찍어도 돼요?

Strike a pose! Say kimch!
포즈를 취하세요! 김치!

You can't take photos here.
여기는 사진 촬영이 금지되어 있습니다.

뉴요커 다희 씨가 사람들이 북적이는 관광지에 있습니다. 앞에서 배웠던 표현을 확인해 보세요!

Dahee	Um… excuse me, ma'am? **1** 사진 한 장 찍어 주실 수 있나요?
Passer-by	Yeah!
Dahee	Thank you. And can you get my full body?
Passer-by	Yeah!
Dahee	Just like with this in the background. Thank you so much.
Passer-by	**2** 원하신 대로 나왔으면 좋겠네요. 원하시면 제가 좀 더 뒤로 갈게요.
Dahee	(Oh, no.) **3** 딱 좋아요. Thank you.

다희	음, 저기요? **1** Could you take a picture of me?
행인	네!
다희	감사해요. 전신이 다 나오게 찍어 주실 수 있나요?
행인	그러죠!
다희	배경에 이게 같이 나오게요. 감사합니다.
행인	**2** Hope that's what you want. I can step back further if you want.
다희	(아, 아니에요.) **3** This is good. 감사해요.

| WORDS |

full body 전신   background 배경

뉴요커 다희 씨가 휴대폰 AS 센터 직원과 통화 중입니다. 어떤 대화를 나누고 있는지 살펴볼까요?

? 영어로 어떻게 말할까요?

1 실수로 제 휴대폰이 산산조각이 나서 켜지지가 않아요.

힌트 accidently, shattered

2 제가 할 수 있는 게 뭔지 궁금해서요.

힌트 wonder

3 고객님의 정보를 입력하는 동안 잠시 기다려주세요.

힌트 hold, while

궁금증 해결은
다음 페이지에서 ！

 **CORE SENTENCES**

영어 표현에 관한 궁금증을 해결해 볼까요?

 1

실수로 제 휴대폰이 산산조각이 나서 켜지지가 않아요.

I accidently shattered my phone and it won't turn on.

accidently는 '실수로, 잘못하여'라는 의미입니다. shatter 하면 '부서지다, 산산이 부수다'라는 뜻이에요. 그래서 accidently shatter 하면 실수로 깨져서 산산조각이 난 것을 뜻합니다. 깨진 이유를 설명할 때 '떨어뜨리다'의 drop을 써서 표현할 수도 있어요.

Their lives were completely shattered by the war.
전쟁으로 인하여 그들의 삶은 완전히 산산이 부서졌다.

I accidently dropped my phone.
제가 실수로 폰을 떨어뜨렸어요.

 추가 표현

accidentally는 '우연히'라는 뜻으로도 쓰여요.
I accidentally met her at the party.
나는 우연히 그녀를 파티에서 만났어요.

~ won't turn on의 패턴은 무언가 작동이 안될 때 사용할 수 있어요.
_____ won't turn on.
A laptop 노트북
A light 불
The electricity 전기

휴대폰의 액정이 금이 가는 경우도 있는데요. crack은 '깨져서 금이 감'이라는 뜻입니다. 물건+has a crack 패턴으로 '어떤 물건이 금이 가다'라고 쓸 수 있습니다.
_____ has a crack.
The screen 액정
The window 창문
The vase 꽃병

2

제가 할 수 있는 게 뭔지 궁금해서요.

I was just wondering what I can do.

부탁할 때 쓸 수 있는 정중한 표현이에요. **I was just wondering.**을 직역하면 '그냥 ~할 수 있을지 궁금해서요'라는 뜻이지만, '~을 해 주시지 않을래요?'라는 의미도 됩니다. 이 패턴은 지금 현재 궁금한 내용을 물어보지만 시제는 과거형으로 쓰는 게 특징입니다.

I was wondering what the next step would be.
다음 단계는 무엇인지 궁금해서요.

 추가표현

I was wondering은 **if**를 붙인 형태로 많이 쓰입니다.
I was wondering if you could help me. 나를 도와줄 수 있는지 궁금해요.

3

고객님의 정보를 입력하는 동안 잠시 기다려주세요.

Please hold briefly while I'm entering your information.

Please hold briefly는 전화상으로 '잠시만 기다려주세요.'라는 뜻입니다. 비즈니스 회의에서도 쓸 수 있어요. 비슷한 표현으로 아래와 같은 것들이 있어요.

Please hold briefly. = Wait a minute. = One moment, please.

 추가표현

hold는 '기다리다' 이외에도 여러가지 뜻으로 쓰이는데요. '(대회 등이) 열리다, (마요네즈를) 빼다, 책임을 지우다' 등의 다양한 뜻이 있습니다.

The conference will be held in the foreign country.
컨퍼런스가 외국에서 열릴 거예요.

Hold the mayonnaise, please. 마요네즈를 빼주세요.

We will not be held responsible for the loss. 분실에 대해서는 책임을 지지 않습니다.

뉴요커 다희 씨가 휴대폰 AS 센터 직원과 대화를 나누는 대화입니다. 앞에서 배웠던 표현을 확인해 보세요!

Staff	My name is David, and how may I help you?
Dahee	Hi, I actually have ** Care Plus and... **1** 실수로 제 휴대폰이 산산조각이 나서 켜지지가 않아요, 아무것도 안 되는데. **2** 제가 할 수 있는 게 뭔지 궁금해서요.
Staff	Oh, we are terribly sorry for this inconvenience. May I have your name or ** ID and phone number, please?
Dahee	Yes. My name is Riley, and my phone number is 417-849-XXXX.
Staff	Thank you for the information. **3** 고객님의 정보를 입력하는 동안 잠시 기다려주세요.
Dahee	OK.

직원	데이비드입니다, 무엇을 도와드릴까요?
다희	안녕하세요, 제가 사실 **케어 플러스에 가입되어 있는데요… **1** I accidently shattered my phone and it won't turn on or honestly do anything. **2** So I was just wondering what I can do.
직원	아, 정말 불편하시겠어요. 성함이나 **아이디, 그리고 휴대폰 번호를 알려주실 수 있을까요?
다희	네. 제 이름은 라일리고요, 휴대폰 번호는 417-849-XXXX예요.
직원	정보 감사합니다. **3** Please hold briefly while I'm entering your information.
다희	네.

| WORDS |

actually 사실은   shatter 산산히 부서지다   terribly 심각하게
inconvenience 불편함

36

뉴요커 다희 씨가 휴대폰 AS 센터와 통화 중입니다. AS 센터 직원과 어떤 대화를 나누고 있는지 살펴볼까요?

[?] 영어로 어떻게 말할까요?

1 고치려면 아무 (해당 회사) 스토어에 방문하면 되나요?

(힌트) visit, fixed

2 저희 기사가 고객님 문제를 바로 해결해 드릴 거예요.

(힌트) take

3 혹시 리퍼폰을 받을 수 있나요?

(힌트) get, refurbished

4 새 기기를 제공하는 건 심각한 결함이 있을 때만 해당합니다.

(힌트) give out, defects

궁금증 해결은 [!] 다음 페이지에서

AMERICAN CULTURE

Mobile Etiquette

휴대폰은 나라마다 부르는 용어가 조금 다릅니다. 미국에서는 **cell phone**, 영국에서는 **mobile phone**, 라틴 아메리카에서는 **cellular**라고 해요. 이렇게 부르는 이름은 모두 다르지만 휴대폰을 쓰는 매너는 비슷합니다. 미국도 공공장소에서는 큰 목소리로 얘기하거나 사적인 얘기를 길게 늘어놓지 않습니다. 그 중에서도 휴대폰 통화를 피해야 하는 곳은 다음과 같습니다. 학교, 화장실, 엘리베이터, 병원, 대기실, 식당, 강당, 택시, 버스, 기차, 회의실, 도서관, 박물관, 교회, 강의실, 콘서트장, 장례식장, 결혼식장, 영화관 비행기 등처럼 사람들이 많이 있는 장소에서 개인적인 휴대폰 사용은 가급적 안 하는 게 매너를 지키는 길입니다.

CORE SENTENCES

영어 표현에 관한 궁금증을 해결해 볼까요?

1

고치려면 아무 (해당 회사) 스토어에 방문하면 되나요?

Can I just visit any store to get it fixed?

여기서 **store**는 휴대폰 지점(**branch**)을 말해요. 여기서 **it**은 휴대폰인데요. 무엇을 고친다고 할 때 **I'll fix it.**이라고 하면 '직접 고친다'는 의미예요. 하지만 다른 사람을 시켜 고치게 하는 것이기 때문에 휴대폰의 입장에서는 수리가 되는 거라서 **fixed**라는 과거분사 형태로 썼어요. **get** 대신에 **have**를 쓸 수도 있어요.

I would like to have the laptop fixed.
노트북을 (맡겨서) 고치려고 하는데요.

 추가 표현

'**have**＋목적어(주로 사물)＋과거분사'는 '～가 …되게 하다(즉, 다른 누군가가 ～하게 하겠다)'라는 의미로 일상생활에서 사용 빈도가 높은 유용한 표현입니다. **have** 대신에 **get**을 써도 의미가 같습니다.

I have ＋	**＿＿＿**	**＋**	**＿＿＿.**	
	my hair		**cut**	머리를 자르다
	my car		**washed**	차를 세차하다
	my blouse		**dry-cleaned**	블라우스를 드라이클리닝하다

2

저희 기사가 고객님 문제를 바로 해결해 드릴 거예요.

Our technician will take care of your case immediately.

take care of는 '(아이를) 돌보다'라는 뜻도 있지만 여기서는 '～을 처리하다'라는 의미로 쓰였습니다. 또, **Take care (of yourself).** 하면 헤어질 때 하는 인사로 '잘 가, 조심히 가'라는 의미입니다. 일상생활에서 유용하게 쓰이는 표현이니 꼭 알아두세요.

We should take care of it as soon as possible.
우리는 가능한 빨리 그것을 처리해야 해요.

3

혹시 리퍼폰을 받을 수 있나요?

It is possible to get, like, a refurbished phone?

It is possible to+동사원형?은 '~은 가능한가요?'라는 뜻이에요. **get**은 '받다'라는 의미로 **get a refurbished phone**은 '리퍼폰을 받다'라는 뜻입니다. **refurbished phone**은 전시 또는 반품된 것을 고쳐서 정품보다 싸게 파는 휴대폰을 말합니다.

4

새 기기를 제공하는 건 심각한 결함이 있을 때만 해당합니다.

The only case we give out new phones is when you have severe product defects.

The only case는 '유일한 경우'라는 의미이고요, **give out**은 '나누어 주다, 배포하다'라는 뜻이에요. 그래서 뒤에 **(that) we give out new phones**는 **the only case**와 동격절로 '새 기기를 제공하는 유일한 경우'라는 뜻입니다. 동격절 접속사 **that**은 관계대명사 **that**과 거의 같은 의미로 해석됩니다. 단지 차이점은 **that**절에 주어+동사+목적어 또는 보어가 있는 완전한 문장이 온다는 것이 관계대명사와 다릅니다.

동격절 **that**은 주어, 동사, 목적어 등 그 자체로 완전한 문장입니다.
He told me the news that the new phone will be released soon.
그는 새 휴대폰이 곧 출시된다고 말했습니다.

관계대명사 **that**은 주어, 목적어, 보어 중 하나가 없습니다.
I'm going to purchase the new phone that will be released soon.
나는 곧 출시될 새 휴대폰을 살 거예요.

여기서 **when**은 부사절을 이끌지만 **be**동사의 보어로 쓰였습니다. **products defects**는 '제품 결함'이라는 의미로 '제품에 심각한 결함이 있다'는 **have severe product defects**라고 하면 됩니다.

▶ CORE SENTENCES

휴대폰이 고장 났을 때 쓸 수 있는 여러 가지 표현을 살펴볼게요.

work가 '작동하다'라는 의미로 쓰인 경우입니다.
My Wi-Fi isn't working on my phone.
제 휴대폰이 와이파이가 잡히지 않아요.

There is something wrong with가 '에 문제가 있다'라는 의미로 쓰인 경우입니다.
There is something wrong with my phone screen.
제 휴대폰 액정이 문제가 있어요.

lose one's Internet connection이 '인터넷이 끊기다'라는 의미로 쓰인 경우입니다.
My phone keeps losing its Internet connection.
제 휴대폰이 인터넷 접속이 계속 끊겨요.

REAL SITUATION in NEW YORK

뉴요커 다희 씨가 휴대폰 AS 센터와 통화 중입니다. 앞에서 배웠던 표현을 확인해 보세요!

Staff OK. So you said you registered for ** Care Plus. As you might know, Basic ** Care have a one year limited warranty, and up to 90 days of complimentary telephone technical support.

Dahee OK.

Staff For the ** Care Plus, the screen damage service will be covered at $29, and any other accidental hardware damage is at $99.

Dahee OK. Um... so, **1** 고치려면 아무 (해당 회사) 스토어에 방문하면 되나요?

Staff Yes, of course. If you visit any nearby store and ask one of our technicians with your case number which is 34XXXX.

Dahee 34XXXX?

Staff Uh huh.

Dahee OK.

Staff Then **2** 저희 기사가 고객님 문제를 바로 해결해 드릴 거예요.

Dahee OK. **3** 혹시 리퍼폰을 받을 수 있나요?

Staff But we don't provide refurbished phone to customer with damaged phone. **4** 새 기기를 제공하는 건 심각한 결함이 있을 때만 해당합니다, and those are discovered within 10 days of purchase.

Dahee OK. All right. Thank you so much for your help.

Staff All right, is there anything else we can assist you with for this?

Dahee No, thank you.

Staff All right. Thank you for using ** and have a nice day.

Dahee Thank you. Bye.

Staff Bye-bye.

직원 됐습니다. 자, **케어 플러스에 가입하셨다고 하셨죠? 알고 계시겠지만, 베이직 **케어의 품질보증 기간은 1년까지이고, 무료 전화 기술지원은 최대 90일까지 보장됩니다.

다희 네.

직원 **케어 플러스의 경우에는, 액정 손상 서비스는 29달러에 보장되고요, 부주의로 인한 하드웨어 손상은 99달러에 보장됩니다.

다희   그렇군요, 음… 그럼, **1** can I just visit any store to get it fixed?

직원   네, 물론이죠. 가까운 (해당 회사) 스토어를 방문하셔서 저희 기사에게 요청하시면 되는데 고객님 접수번호 34XXXX번을 말씀하시면 돼요.

다희   34XXXX번이요?

직원   맞습니다.

다희   알겠습니다.

직원   그럼 **2** our technician will take care of your case immediately.

다희   네. **3** Is it possible to get, like, a refurbished phone?

직원   저희는 리퍼폰을 제공하지 않아요, 파손된 휴대폰을 가져오신 고객에게요. **4** The only case we give out new phones is when you have severe product defects 그리고 구매 후 10일 이내 발견됐을 때만이고요.

다희   네. 알겠습니다. 도와주셔서 고맙습니다.

직원   네, 이 건과 관련해서 제가 더 도와드릴 일이 있을까요?

다희   고맙습니다만 없어요.

직원   알겠습니다. **을 이용해 주셔서 감사하고 좋은 하루 보내세요.

다희   감사합니다.

직원   네, 들어가세요.

| WORDS |

register 등록하다   warranty 보증서   up to ~까지
complimentary 무료의   technical support 기술 지원   accidental 우연한, 돌발적인
refurbished phone 리퍼폰

08 ▶ 사무실 컴퓨터가 고장 났을 때

뉴요커 다희 씨가 사무실 직원과 대화를 나누고 있습니다. 어떤 대화를 나누는지 살펴볼까요?

[?] 영어로 어떻게 말할까요?

1 제 컴퓨터 화면이 꺼졌어요.
> 힌트 turn

2 전원 버튼을 누른 채로 5초 정도 있어 보세요.
> 힌트 press, hold

3 컴퓨터에 전원 연결이 제대로 돼 있는지 보세요.
> 힌트 connect, outlet

궁금증 해결은
다음 페이지에서 [!]

CORE SENTENCES

영어 표현에 관한 궁금증을 해결해 볼까요?

1

제 컴퓨터 화면이 꺼졌어요.

My computer screen just turned off.

컴퓨터 화면은 **computer screen**이라고 합니다. **screen**은 텔레비전이나 영화의 화면을 표현할 때도 **television screen, movie screen**처럼 쓸 수 있어요. **turn off**를 '~을 끄다'라는 표현으로 많이 알고 있지만 여기에서처럼 '컴퓨터 화면이 꺼지다'라는 뜻으로도 쓰입니다. 이 때 **just turned off**보다는 **has just turned off**라고 해야 문법적으로 더 정확한 표현이 됩니다.

My computer screen has just turned off.
방금 컴퓨터 화면이 꺼졌어요.

2

전원 버튼을 누른 채로 5초 정도 있어 보세요.

Try pressing the power button again after holding it for five seconds.

try -ing는 '~를 시도해 보다'라는 뜻이에요. **press the power button**은 '전원 버튼을 누르다'는 의미입니다. 그래서 '전원 버튼을 한번 눌러봐요.'는 **Try pressing the power button.**이라고 표현할 수 있습니다. **try** 다음에 '**~ing**'을 쓰는 것에 주의하세요.

hold는 '(누르고) 그대로 있다'라는 뜻으로 어떤 행동을 지속할 때 씁니다.
They held hands for the whole time.
그들은 계속 손을 잡고 있었습니다.

➕ 추가 표현

try to+동사원형도 많이 쓰이는 형태인데요. 이 때는 '~하려고 노력하다, 시도하다'라는 뜻입니다. **attempt**와 비슷한 의미예요.
I am trying to solve the problem, but it's very difficult.
그 문제를 푸는 중인데 너무 어려워요.

3

컴퓨터에 전원 연결이 제대로 돼 있는지 보세요.

See if the computer's connected properly to the outlet.

see if는 '~인지 확인하다'라는 뜻으로 어떤 상황이 사실인지 아닌지 알아내려고 할 때 씁니다. 약간 반복적인 느낌이 들기도 하지만 원어민들은 이따금씩 check to see if로 쓰기도 합니다.

Check to see if the battery is charged.
배터리가 충전이 됐는지 확인해 보세요.

connect to A는 'A에 연결되다'는 의미입니다. 여기서는 '제대로' 연결됐는지 나타내기 위해 properly를 같이 썼어요. outlet은 '배출구'나 '할인점(아울렛)'이라는 의미로도 쓰이지만 여기서처럼 '콘센트'라는 뜻도 있어요.

Why is my laptop not connecting to Wi-Fi?
왜 노트북이 와이파이에 연결되지 않을까요?

➕ 추가 표현

컴퓨터가 고장 났을 때 쓸 수 있는 자주 쓰이는 영어 표현을 알아볼게요.

Something's wrong with my computer. 제 컴퓨터에 뭔가 문제가 있어요.

It's a real bummer. 진짜 짜증 난다.

My laptop will not start. 제 노트북이 켜지지 않아요.

My PC screen goes black. 컴퓨터 화면이 먹통이 됐어요. (검은색으로 변함)

My laptop is not charged at all. 컴퓨터가 전혀 충전이 되지 않았어요.

A blue screen appears. 블루 스크린이 나타나요.

뉴요커 다희 씨가 사무실 직원과 나누는 대화 내용입니다. 앞에서 배웠던 표현을 확인해 보세요!

Co-worker	Hello?
Dahee	Hi, Hugo. I am at work right now. **1** 제 컴퓨터 화면이 꺼졌어요. I don't know what to do.
Co-worker	Oh, all right. Let's see. **2** 전원 버튼을 누른 채로 5초 정도 있어 보세요.
Dahee	The power button...? That's on the back of the monitor. It's not working.
Co-worker	All right. **3** 컴퓨터에 전원 연결이 제대로 돼 있는지 보세요.
Dahee	OK. It just turned on. The outlet was just, wasn't plugged in properly. Thank you.
Co-worker	Great. Fantastic. Great.
Dahee	OK. Thank you, I'll see you soon.
Co-worker	All right. I'll see you soon.
Dahee	Bye.

직장 동료	여보세요?
다희	안녕하세요, 휴고. 제가 지금 사무실인데요. **1** My computer screen just turned off. 뭘 어떻게 해야 할지 모르겠어요.
직장 동료	아, 그렇군요. 어디 보죠. **2** Try pressing the power button again after holding it for five seconds.
다희	전원 버튼이요…? 모니터 뒤에 있네요. 안 돼요.
직장 동료	알겠어요. **3** See if the computer's connected properly to the outlet.
다희	알겠어요. 방금 켜졌어요. 콘센트에 잘 안 꽂혀 있었네요. 고마워요.
직장 동료	네. 다행이네요. 잘됐어요.
다희	네. 고마워요, 이따 봐요.
직장 동료	네. 이따 봐요.
다희	끊을게요.

| WORDS |

turn on 켜다 ↔ turn off 끄다
for five seconds 5초 동안
outlet 콘센트

press 누르다
on the back of ~뒷면에
plug in ~에 연결하다

hold (누르고) 그대로 있다
work 작동되다

뉴요커 다희 씨가 매표소 직원과 대화를 나누고 있습니다. 어떤 대화를 나누는지 살펴볼까요?

❓ 영어로 어떻게 말할까요?

1 **페리 티켓 어른 4장이요.**

힌트 get, adult

2 **마지막 시간은요?**

힌트 last

3 **(배를) 타려면 어디로 가야 하죠?**

힌트 get

궁금증 해결은 ❗
다음 페이지에서

AMERICAN CULTURE

자유의 여신상(Statue of Liberty)을 무료로 보는 법

자유의 여신상을 영어로는 **Statue of Liberty**라고 해요. 미국 뉴욕 리버티 섬에 세워진 93.5m의 여신상으로 '아메리칸 드림'을 가지고 뉴욕으로 들어오는 이민자들이 가장 먼저 보게 되는 것으로 미국에게 상징적인 의미가 있습니다. 뉴욕에 가면 필수 코스인 자유의 여신상을 보는 방법 중 하나는 스테이튼 아일랜드 페리(Staten Island Ferry)를 타는 것인데요. 이 페리는 어느 독지가의 기부로 100년간 무료로 운영이 됩니다. 유료 크루즈 못지 않게 후기가 좋은 페리인데요. 예전에는 뉴욕 시민들을 위해 맨해튼과 스테이튼 아일랜드 사이를 오갔다고 하는데 지금은 하루 24시간, 일주일에 7일 운행을 하고, 한번 운행하면 25분 정도 소요됩니다. 보트는 골든 아워에는 15-20분마다 출발하고 다른 때에는 30분마다 떠납니다. 페리에서 맨해튼과 자유의 여신상을 보며 진짜 뉴욕을 만끽해 보세요.

CORE SENTENCES

영어 표현에 관한 궁금증을 해결해 볼까요?

1

페리 티켓 어른 4장이요.

Can I get four adult tickets for the Ferry?

이 표현은 티켓을 사야하는 다양한 상황에서 쉽지만 유용하게 쓸 수 있어요. **Can I get**＋인원수＋**tickets for**＋교통수단**?** 패턴으로 쓸 수 있어요. 보통 부탁하는 상황에서 쓰기 때문에 뒤에 **please**를 붙여주면 좋아요.

Can I get _____ **tickets for** _____ **, please?**

| **one adult and three children** | **the train** |
| **two adult and four children** | **the bus** |

➕ 추가 표현

배나 기차의 표를 살 때 '다음 (교통수단)은 언제 있어요?'라고 물어 볼 수도 있는데요. 그 때는 **What's the next**＋교통수단**?** 패턴을 써서 말할 수 있습니다.

When's the next _____ **?**

        ferry 페리
        train 기차

2

마지막 시간은요?

When's the last time?

이 표현은 마지막 페리(배) 시간을 물어보는 것으로 **When's the last ferry?**와 같은 뜻입니다. 티켓을 사는 상황에서 마지막 시간이 언제인지 물어볼 때 **When's the last ~?** 패턴을 쓰면 됩니다.

When's the last _____ **?**

        bus
        subway
        movie

(배를) 타려면 어디로 가야 하죠?

Where do we go to get on?

'(교통수단)을 타다'라고 할 때 **get on**, **board**, **get in** 등을 쓸 수 있는데요. **get on**은 비행기, 버스, 배 등 좀 큰 교통수단에 탈 때, **board**는 선박, 비행기 등에 탈 때, **get in** 자동차, 택시 등 좀 작은 교통 수단에 탈 때 주로 씁니다.

I think I just have to get on a plane.
비행기를 타야 할 것 같아요.

Please board the ship.
승선하시기 바랍니다.

Get in the taxi and then tell the driver where you are going.
택시 타고 운전사에게 어디 가는지 말하세요.

➕ 추가 표현

비행기나 기차 등 티켓을 살 때는 편도나 왕복 둘 중 하나를 골라서 구매를 해야 하죠? 편도는 **one-way ticket**, 왕복 티켓은 **round ticket**이라고 하는데요. 그와 관련된 회화 표현을 알아볼게요.

How much is a round-trip ticket?
왕복 티켓은 얼마예요?

How long does a round-trip ticket last?
왕복 티켓은 언제까지 쓸 수 있어요?

Round-trip tickets are cheaper than one-way tickets.
왕복 티켓이 편도 티켓보다 더 싸요.

뉴요커 다희 씨가 매표소 직원과 나누는 대화 내용입니다. 앞에서 배웠던 표현을 확인해 보세요!

Dahee	Hello~ Hi. **1** 페리 티켓 어른 4장이요.
Ticket Staff	$74.
Dahee	And, um, what is the next, I guess, the closest time leaving?
Ticket Staff	1:10.
Dahee	1:10? Can I ask you what time it is right now?
Ticket Staff	It's 12:53.
Dahee	12:53? OK. And, **2** 마지막 시간은요? That you guys…
Ticket Staff	From the statue? 5 o'clock.
Dahee	4 o'clock?　　　Ticket Staff　5 o'clock.
Dahee	5 o'clock. OK.　　Ticket Staff　Coming back.
Dahee	Coming back? OK. And, **3** (배를) 타려면 어디로 가야 하죠?
Ticket Staff	You're gonna go out this front door to the left.
Dahee	OK. Thank you. First step, completed! Oh, Happy Hour and Late Night cruises.

다희	안녕하세요. **1** Can I get four adult tickets for the ferry?
티켓 판매원	74달러입니다.
다희	아, 가장 빨리 출발하는 페리가 몇 시죠?
티켓 판매원	1시 10분이에요.
다희	1시 10분이요? 지금이 몇 시죠?
티켓 판매원	12시 53분이에요.
다희	12시 53분이군요. 그럼, **2** when's the last time? 페리가…
티켓 판매원	여신상에서 돌아오는 페리요? 5시요.
다희	4시요?　　　　티켓 판매원　5시요.
다희	5시요. 알겠습니다.　티켓 판매원　여기로 돌아오는 거요.
다희	돌아오는 페리요? 네. 그리고, **3** where do we go to get on?
티켓 판매원	여기 왼쪽에 있는 정문으로 가세요.
다희	네. 고맙습니다. 첫 단계, 성공! 오, 특별 할인 시간대와 야밤의 크루즈.

| WORDS |

statue 조각상　　　come back 돌아오다　　　front door 현관

뉴요커 다희 씨가 이메일을 보내고 있습니다. 어떤 이메일을 보내는지 살펴볼까요?

? 영어로 어떻게 말할까요?

1 2주 전에 주문한 것 때문에 이메일 드립니다.

힌트 regard, place

2 아직 주문한 물건도, 어떠한 내용도 못 받았어요.

힌트 receive, update

3 상품 위치에 관한 정보를 알려주시면 감사하겠습니다.

힌트 appreciate

궁금증 해결은
다음 페이지에서 !

AMERICAN CULTURE

미국 우체국 사용법

여행이나 유학 중에 우편물을 보내게 되는 상황이 있는데요. 먼저 미국 내로 보내는 우편인 경우는 First-Class Mail(일반 우편, 무게에 따라 금액이 달라짐)과 Priority Mail(1-3일 소요, 규격 상자 이용하면 무게에 상관없이 동일 금액), Priority Mail Express(익일배송(다음 날 배송), Priority Mail과 같이 규격 상자 이용시 동일 요금 적용)의 3가지가 있어요. 이 세 가지 모두 보험을 포함할 것이냐에 따라 금액은 차이가 납니다. 미국의 경우 우편물 분실 사고가 종종 일어나기 때문에 보험을 드는 게 안전합니다.

국제 우편의 경우는 First-Class Mail International(일반적인 국제 우편), Priority Mail International(6-10일 소요, 규격 봉투 사용하면 동일 요금 적용), Priority Mail Express International(3-5일 소요, 규격 상자 사용시 동일 요금 적용), Global Express Guaranteed(1-3일 소요, 특급 국제 우편)가 있어요. 이것도 보험을 포함하느냐에 따라 금액이 차이가 납니다.

CORE SENTENCES

영어 표현에 관한 궁금증을 해결해 볼까요?

 1　　　　2주 전에 주문한 것 때문에 이메일 드립니다.

I am emailing in regard to my order that I placed two weeks ago.

우선 이메일을 시작할 때 **Hello.**라고 인사를 한 후 이메일을 쓴 목적에 대해 이야기 하는데요. 목적에 대해 이야기 할 때 '~에 관해 이메일 드립니다'라는 뜻으로 **I am emailing in regard to ~.** 표현을 많이 씁니다. **in regard to**는 '~에 관해서, ~에 대해서'라는 뜻으로 유사한 단어로 **concerning** 또는 **about** 등이 있습니다.

I am emailing in regard to _____.

　　　　　　　　　the new policy 새 정책
　　　　　　　　　the proposal 제안
　　　　　　　　　the training 훈련

I am writing to you concerning our recent purchase.
최근 구매에 관한 문제에 대해 씁니다.

 추가 표현

regard에 **-s**가 붙은 복수 형태 **regards**가 되면 '안부'라는 뜻이에요.
Give my regards to your mom.
너희 어머니께 안부 좀 전해줘.

 2　　　　아직 주문한 물건도, 어떠한 내용도 못 받았어요.

I still have not received my order or any updates.

---

receive는 '받다'라는 뜻인데요, **have not received**가 되면 '(과거 어느 시점에서부터) 받지 못하고 있다'라는 의미가 돼요. '**have**＋과거분사'는 현재완료로 과거에 시작된 일이 현재까지 영향을 미치는 것을 말해요. 부정형은 '**have**＋**not**＋과거분사' 형태로 쓰여요. **I still haven't received**로 줄여서 쓸 수 있어요.

52

상품 위치에 관한 정보를 알려주시면 감사하겠습니다.

If I could get more information about where it is, I would appreciate it.

If I could ~, I would appreciate it.은 정중히 요청할 때 많이 쓰는 표현이에요. 직역하면 '내가 ~할 수 있다면, 감사하겠습니다'라는 뜻으로 부탁의 의미가 있어요. **would appreciate it** 대신에 **would be grateful**을 쓸 수도 있어요. 좀더 가볍게 요청하는 경우에는 **I was wondering if you could ~.**라고 할 수 있어요.

If I could get a detailed explanation, I would appreciate it (정중하게 요청할 때)
= **If I could get a detailed explanation, I would be grateful.**
자세한 설명 부탁드려요. (자세한 설명을 해주시면 감사하겠습니다.)

I was wondering if you could send it again. (가볍게 요청할 때)
= **Would you mind sending it again?**
= **Could you do me a favor and send it again?**
다시 보내주셨으면 합니다.

information about은 '~대한 정보'라는 뜻이에요. **where it is**는 직역하면 '어디에 있는지'라는 뜻으로 여기서는 상품의 위치를 의미합니다. **where it is**는 **about**의 명사적 용법으로 목적어로 쓰였어요. 그래서 '의문사＋주어＋동사'의 평서문 어순이 되었어요. 이런 것을 '간접의문문'이라고 해요.

➕추가표현

이메일을 끝맺으면서 쓸 수 있는 표현으로 **Please feel free to~**가 있는데요. 상대방에게 원하는 대로 하라고 말할 때 쓰는 표현이에요. 일상회화에서도 자주 사용됩니다. **if**절은 주절의 앞이나 뒤에 자유롭게 올 수 있어요.

Please feel free to contact me if you have any questions.
질문이 있으시면 언제든 연락주세요.

뉴요커 다희 씨가 이메일을 보내는 내용입니다. 앞에서 배웠던 표현을 확인해 보세요!

(She is writing an email about the late delivery.)

Hello. **1** 2주 전에 주문한 것 때문에 이메일 드립니다. My order number is 135890. **2** 아직 주문한 물건도, 어떠한 내용도 못 받았어요. **3** 상품 위치에 관한 정보를 알려주시면 감사하겠습니다. Please email me or call me as soon as possible.

Thank you.

Riley Han

SEND

(그녀는 배송지연에 대한 이메일을 쓰고 있다.)

안녕하세요. **1** I am emailing in regard to my order that I placed two weeks ago. 제 주문 번호는 135890인데요. **2** I still have not received my order or any updates. **3** If I could get more information about where it is, I would appreciate it. 가능한 한 빨리 이메일 또는 전화로 연락주세요.

고맙습니다.

라일리 한

발송

|WORDS|

order number 주문 번호   as soon as possible 가능한 빨리

11 상품 고장 문의 이메일 보낼 때

뉴요커 다희 씨가 이메일을 작성하고 있습니다. 어떤 내용에 대해 쓰는지 살펴볼까요?

? 영어로 어떻게 말할까요?

1 겉은 멀쩡해 보여요.
힌트 exterior, portion

2 제가 어떻게 해야 할지 알려주세요.
힌트 proceed

3 아래에 제 주문 번호를 덧붙입니다.
힌트 include

궁금증 해결은
다음 페이지에서

영어 표현에 관한 궁금증을 해결해 볼까요?

---

1 겉은 멀쩡해 보여요
The exterior portion looks fine.

---

exterior는 '외부의', portion은 '일부'라는 의미로 여기서 exterior portion은 휴대폰의 겉으로 드러나 있는 부분을 의미해요. exterior의 반의어는 interior로 '내부, 실내'라는 뜻이 있어요. 실내 인테리어를 연상하면 외우기 쉬울 거예요. 하지만 발음은 [인티리얼]로 전혀 다르니 주의하세요.

'주어+look+형용사'는 '~가 …해 보이다'라는 뜻으로 주어의 상태가 어떤지 설명해 줍니다. looks fine은 '휴대폰의 겉은 괜찮아 보인다'라는 의미예요. 이와 같이 look 다음에 happy, hungry, tired 등 주어의 상태를 설명하는 형용사가 옵니다.

You look _____.
> **happy** 행복한
> **hungry** 배고픈
> **tired** 피곤한

---

2 제가 어떻게 해야 할지 알려주세요.
Please let me know about how I should proceed.

'Please let me know ~'는 직역하면 '~에 대해 알려주세요'인데요. 이 말은 부탁을 하거나 허락을 구할 때 아주 유용한 표현이에요.

'내가 어떻게 ~ 해야 할지'는 how I should ~ 패턴으로 말할 수 있어요. 여기서 how I should proceed는 about의 목적어로 평서문의 어순(의문사+주어+동사)으로 쓰인 간접의문문이에요.

Please let me know about how I should _____.
> **behave** 행동하다
> **respond** 반응하다

아래에 제 주문 번호를 덧붙입니다.

I have included my order number below.

이메일에 중요 내용을 덧붙일 때 **include**를 써서 표현할 수 있어요.

I included a PDF file.
PDF파일을 첨부했어요.

바로 이어서 내용을 덧붙일 때는 끝에 **below**를 써주시면 됩니다. 좀더 간단히 **Here is my order number.**(여기 제 주문 번호가 있습니다.)로 쓸 수도 있어요. 물론 마무리는 **Thank you.**로 하면 좋아요.

Please fill in the blanks.
빈칸을 채우시오.

➕ 추가 표현

이메일을 쓸 때 별도의 파일로 첨부하거나 웹사이트의 주소를 링크로 넣는 경우도 종종 있는데요. 그럴 때 쓸 수 있는 표현을 몇 가지 더 알아볼까요? 우선 파일을 첨부할 때 쓰는 대표적인 동사는 '첨부하다'라는 **attach**입니다. '첨부된 파일'이라고 할 때는 **attached**라는 과거분사의 형태로 쓰입니다. '~이 가능하다'라고 할 때 **be available**을 써서 표현합니다.

I've attached a file for your review.
검토를 위해 파일을 첨부했습니다.

Please take a look at the attached file.
=Take a look at the file I've attached to this email.
(이메일에) 첨부한 파일을 검토해 주세요.

More information is available at www.darakwon.com
더 많은 정보를 원하시면 www.darakwon.com에서 보실 수 있습니다.

뉴요커 다희 씨가 이메일을 보내는 내용입니다. 앞에서 배웠던 표현을 확인해 보세요!

(while writing an email)

Hello. I placed an order of the XXXX action cam, Model XXX-3000 and received it. **1** 겉은 멀쩡해 보여요, but the camera itself will not turn on or function. **2** 제가 어떻게 해야 할지 알려주세요. **3** 아래에 제 주문 번호를 덧붙입니다.

Thank you.

Riley Han

SEND

(이메일을 작성하면서)

안녕하세요. 제가 모델명 XXX-3000 XXXX 액션캠을 주문해서 받았는데요. **1** The exterior portion looks fine, 그런데 카메라 자체가 안 켜지거나 작동을 안 해요. **2** Please let me know about how I should proceed. **3** I have included my order number below.

감사합니다.

라일리 한

발송

사무실에서 동료 전화 대신 받을 때

뉴요커 다희 씨가 전화를 받고 있는데요. 누구와 대화를 나누고 있는지 살펴볼까요?

❓ 영어로 어떻게 말할까요?

1 제시카 씨가 지금 사무실에 안 계셔서요.

힌트 office

2 대신 전화 받았습니다.

힌트 answer

3 누구신지 여쭤봐도 될까요?

힌트 call

4 확인해 주실 수 있나요?

힌트 check

5 제가 확인해 보고, 최대한 빨리 알려 드릴게요.

힌트 as soon as

궁금증 해결은
다음 페이지에서 ❗

AMERICAN CULTURE

비즈니스 전화 영어

전화는 제스처나 표정 등을 알 수 없는 목소리로만 대화를 이어나가기 때문에 올바른 표현으로 하는 게 중요합니다. 발음이 부정확하면 수화기의 전자음 때문에 분명하게 들리지 않습니다. 비즈니스로 전화할 때 본인의 이름을 크고 알아 듣기 쉽게 말합니다. 이때 자신의 이름과 성(full name)을 함께 말합니다. 전화로 설명하는 게 부담스럽다면 자세한 내용은 이메일로 먼저 보내고 전화를 걸어서 이야기하는 것도 좋은 방법입니다.

1

제시카 씨가 지금 사무실에 안 계셔서요.

Jessica is actually not in the office right now.

be not in the office는 '~가 사무실에 없다'라는 뜻으로 대신 전화를 받았는데 찾는 사람이 없을 때 쓸 수 있어요. '~가 회사에 있다'는 be in the office 부정문의 형태입니다. 더 공손하게 표현할 때는 I'm sorry, but ~.(미안하지만 ~ 입니다.)을 앞에 써주면 됩니다.

I'm sorry, but _____.

> **she is not here at the moment** 지금 자리에 안 계세요.
> **she has left for the day** 오늘 퇴근하셨어요.
> **she's busy right now** 지금 바쁘신데요.

➕ 추가 표현

전화를 마무리할 때 메모를 남기거나(take a message) 전화를 드릴지 여부(return your call)를 물어보면 좋습니다.

Can I take a message? 메모 남겨 드릴까요?

Would you like her to return your call? 전화 드리라고 할까요?
=Would you like her to call back?

2

대신 전화 받았습니다.

I'm answering the phone for her.

answer the phone은 '전화 받다'라는 의미에요. 전화를 받을 사람이 있을 경우에는 '연결해 주다'라는 put ~ through를 쓰면 됩니다.

I'll put you through. One moment, please. 전화 바꿔 드릴게요. 잠시만 기다려 주세요.

3

누구신지 여쭤봐도 될까요?

Can I ask who's calling?

상대방의 허가를 구해야 할 때 대표적으로 **Can I ~?**와 **May I~?**를 씁니다. 하지만 **May I~?**가 좀 더 정중한 느낌이 있습니다.

Can I ask who's calling?
= May I ask who's calling? (formal)
누구신지 여쭤봐도 될까요?

May I ask what this is about? (formal)
무슨 일인지 여쭤봐도 될까요?

4

확인해 주실 수 있나요?

Could you check that for me?

상대방에게 정중하게 요청을 할 때 **Could you~?**를 쓰면 됩니다. **Can**도 요청할 때 쓸 수 있는데요. **Can** 보다는 **Could**가 좀더 정중한 표현이에요. **check that**은 '~을 확인하다'라는 의미입니다.

5

제가 확인해 보고, 최대한 빨리 알려 드릴게요.

I'll get that checked out and I'll let you know as soon as possible.

get that checked out은 어떤 사실이나 물건에 문제가 있을 때 확인을 하겠다고 할 때 쓰는 표현이에요. 문제가 무엇이고 또 어떻게 해결할지 알아보겠다고 하는 의미를 나타냅니다.
as soon as possible은 '가능한 한 빨리'라는 뜻으로 줄여서 **ASAP**으로도 쓰입니다.

🎧 12. mp3

뉴요커 다희 씨가 사무실에서 전화로 대화하는 내용입니다. 앞에서 배웠던 표현을 확인해 보세요!

Dahee	Hello.
Grace	Hi, is this Jessica?
Dahee	Oh, **1** 제시카 씨가 지금 사무실에 안 계셔서요, **2** 대신 전화 받았습니다. **3** 누구신지 여쭤봐도 될까요?
Grace	Sure, I'm Grace from Logic Department. I think the quantity on the order was just wrong. **4** 확인해 주실 수 있나요?
Dahee	OK, yes. I'll check that or I'll let Jessica know. Can I get a name and a phone number?
Grace	Sure. It's Grace. My phone number is XXX-XXX-XXXX.
Dahee	OK. **5** 제가 확인해 보고, 최대한 빨리 알려 드릴게요.
Grace	Great. Thank you so much.
Dahee	Thank you. Bye.
Grace	Bye.

다희	여보세요.
그레이스	여보세요, 제시카인가요?
다희	아, **1** Jessica is actually not in the office right now, **2** so I'm answering the phone for her. **3** Can I ask who's calling?
그레이스	네, (주문) 관리팀의 그레이스예요. 주문량이 잘못된 것 같아서요. **4** Could you check that for me?
다희	아, 네. 제가 확인하거나 아니면 제시카에게 전달할게요. 성함과 전화번호를 알 수 있을까요?
그레이스	네. 그레이스예요. 제 번호는 XXX-XXX-XXXX고요.
다희	네. **5** I'll get that checked out and I'll let you know as soon as possible.
그레이스	네. 정말 감사합니다.
다희	감사합니다. 들어가세요.
그레이스	들어가세요.

| WORDS |

quantity 양   order 주문

약국에서 증상 설명할 때 1
– 증상 설명

뉴요커 다희 씨가 약국에 있습니다. 약사와 어떤 대화를 나누는지 살펴볼까요?

?️ 영어로 어떻게 말할까요?

1 속이 너무 메스껍고요
(힌트) nauseous

2 증상은 언제부터 있었나요?
(힌트) symptom

3 지난밤에 해산물 남은 걸 좀 먹었어요.
(힌트) leftover

4 도움이 될 만한 다른 약으로 주실 수 있나요?
(힌트) see

궁금증 해결은
다음 페이지에서 !️

AMERICAN CULTURE

미국 약국 사용법

미국의 약국은 약품과 의료용품 외에 식품과 생활용품도 함께 팔기 때문에 동네 마켓과 비슷해 보입니다. 미국 약국에서는 처방전으로 살 수 있는 약(prescribe medicine)과 처방 없이 살 수 있는 (over the counter drug) 약 두 가지로 나뉩니다. 대형 약국에는 의사가 상주하는 경우도 있어서 급한 경우 상담이나 진료를 받을 수 있습니다. 다음은 아플 때 처방전 없이 살 수 있는 약입니다. 알아두시면 급할 때 요긴하게 쓸 수 있습니다.

예시. Pepto Bismol 복통(속쓰림, 위장, 구토 소화불량 등) / Advil 두통 / DayQuil 종합감기 / Claritin 계절 알레르기 증상 완화 / Mido 생리통

영어 표현에 관한 궁금증을 해결해 볼까요?

---

1 속이 너무 메스껍고요.
I feel really nauseous.

내 느낌이나 상태를 얘기할 때 **I feel**+느낌 형용사를 쓰면 됩니다. **really**를 써서 느낌을 강조할 수도 있어요. **nauseous**는 토를 하고 싶을 정도로 속이 메스꺼운 상태를 나타내는 형용사로 **-ness**를 붙여서 **nauseousness**가 되면 '메스꺼움'이라는 명사가 돼요.

I feel _____.
> **dizzy** 어지러운
> **sick** 몸이 안 좋은
> **warm** 따뜻한

➕추가 표현

'~가 아파요' 하고 말할 때 **I have**+증상을 나타내는 명사 패턴으로 여러가지 증세를 표현할 수 있어요. **-ache**는 '~통'이라는 접미사로 명사 뒤에 붙여 통증을 나타내는 명사로 만들어요.

I have a+_____.
> **toothache** 치통
> **headache** 두통
> **backache** 요통

---

2 증상은 언제부터 있었나요?
When did your symptoms start?

---

symptom은 '증상'이라는 뜻으로 p가 묵음이라 발음을 안 해요. **When did your symptoms starts?**는 의사가 증상이 언제 시작되었는지 물을 때 쓰는 표현이에요. 보통 과거를 나타내는 부사(구) **two days ago**(2일 전에), **yesterday**(어제), **a week ago**(일주일 전에) 등과 쓰여요.

This started a week ago.
일주일 전에 시작되었어요.

3

지난밤에 해산물 남은 걸 좀 먹었어요.

Last night I had some leftover seafood.

leftover는 '(어떤 것을 다 쓰고) 남은'이라는 뜻으로 명사 앞에서만 쓰는 형용사예요. 하지만 -s가 끝에 붙어서 leftovers가 되면 주로 식사를 한 다음에 '남은 음식'이라는 뜻입니다.

leftover가 형용사로 쓰일 때입니다.

He ate the leftover pizza for breakfast.
그는 남은 피자로 아침을 먹었다.

leftover가 명사로 쓰일 때 입니다.

She fed her leftovers to her dog.
그녀는 남은 음식을 개한테 먹이로 주었다.

4

도움이 될 만한 다른 약으로 주실 수 있나요?

I just wanted to see if you could help me with whatever else that you could?

I just wanted to see if you could help me with는 요청할 때 쓸 수 있는 표현으로 '저를 도와 주실 수 있는지 알고 싶은데요'라는 뜻이에요. with whatever else that you could는 '도움될 만 한 다른 약으로요.'라는 의미입니다.

 추가 표현

'도움이 될만한 게 있을까요?'는 **Do you have anything for ~?** (~에 도움될 만한 게 있을까요?)를 이용하면 좀 더 간단히 표현할 수 있어요.

Do you have anything for _____?

a headache 두통
nauseousness 메스꺼움

🎧 13. mp3

뉴요커 다희 씨가 약국에서 직원과 나누는 대화 내용입니다. 앞에서 배웠던 표현을 확인해 보세요!

Dahee	Hi, there.
Pharmacist	Hi. How are you?
Dahee	Good. I was needing to get some medicine, so… **1** 속이 너무 메스껍고요, and I also have a headache.
Pharmacist	**2** 증상은 언제부터 있었나요?
Dahee	This morning.
Pharmacist	This morning?
Dahee	Yes.
Pharmacist	Did you have something to eat that's a…?
Dahee	**3** 지난밤에 해산물 남은 걸 좀 먹었어요.
Pharmacist	And do you have any pains anywhere?
Dahee	Just nauseousness and my headache is all.
Pharmacist	OK. Let me get you something.
Da Hee	I took like an Advil but it didn't do anything, so… **4** 도움이 될 만한 다른 약으로 주실 수 있나요?
Pharmacist	Sure. Actually Advil will irritate your stomach a little bit. It'll make you nauseous. You have to take that after you eat. But, let me give you something for nausea.
Dahee	Thank you.

다희	안녕하세요.
약사	안녕하세요?
다희	안녕하세요. 약이 좀 필요해서요… 그러니까… **1** I feel really nauseous, 두통도 좀 있어요.
약사	**2** When did your symptoms start?
다희	오늘 아침이요.
약사	오늘 아침이요?
다희	네.
약사	뭘 잘못 드신 게 있나요…?
다희	**3** Last night I had some leftover seafood.
약사	어디에 통증도 있으세요?
다희	그냥 메스꺼운 증상이랑 두통이 다예요.

약사   알겠습니다. 약 드릴게요.

다희   제가 애드빌 같은 진통제를 먹긴 했는데요, 전혀 효과가 없어서요… **4** I just wanted to see if you could help me with whatever else that you could?

약사   알겠습니다. 애드빌은 위장을 좀 자극할 수 있을 거예요. 메스껍게도 하고요. 반드시 식후에 복용하셔야 해요. 그렇지만, 메스꺼운 증상에 드실 만한 걸 드릴게요.

다희   감사합니다.

| WORDS |

medicine 약
have a pain 아프다

have a headache 머리가 아프다
nauseousness 메스껍게 함

leftover 남은
nausea 메스꺼움

14 약국에서 증상 설명할 때 2
– 약 먹을 때 주의사항

뉴요커 다희 씨가 약국에서 약사와 대화를 나누고 있습니다. 어떤 대화를 나누는지 살펴볼까요?

[?] 영어로 어떻게 말할까요?

1 이 약을 테이블스푼으로 6시간마다 드세요.
(힌트) take, six

2 이 약은 얼마나 먹어야 하나요?
(힌트) much, medicine

3 이 약은 메스꺼운 증상에만 듣는 거죠, 그렇죠?
(힌트) that, for

4 두통에도 효과가 있나요?
(힌트) Will, help

5 구토나 설사 증상이 있으시면 전해질을 섭취하셔야 해요.
(힌트) throw up

6 약 잠시 여기 두고 좀 더 둘러볼게요.
(힌트) keep, here

궁금증 해결은
다음 페이지에서 [!]

CORE SENTENCES

영어 표현에 관한 궁금증을 해결해 볼까요?

1

이 약을 테이블스푼으로 6시간마다 드세요.

You take a tablespoon of this every six hours.

'먹는다'라고 할 때 **have**나 **eat** 동사를 많이 쓰지요? 하지만 '약을 복용하다'라고 할 때는 **take**을 씁니다. **take**는 이외에도 '시간이 걸리다, 가져가다' 등 아주 쓰임이 많은 동사예요. **tablespoon**은 **t-spoon[teaspoon]** 보다 큰 숟가락이에요.

Take this medicine three times a day.
이 약은 하루 세 번 복용하세요.

'**every**＋시간'은 '매~마다'라는 뜻으로 일정한 시간 간격으로 규칙적으로 발생하는 일을 표현할 때 자주 쓰여요.

The Olympic Games take place every four years.
올림픽 경기는 4년마다 열린다.

2

이 약은 얼마나 먹어야 하나요?

Could you tell me how much I should take of this medicine?

Could you tell me ~?는 '~을 말해 주세요'라고 요청할 때 아주 많이 쓰는 패턴이에요. **How much**는 '얼마나 많은'이라는 뜻으로 셀 수 없는 것을 말할 때 써요. 반면에, **How many**는 셀 수 있는 것들을 표현할 때 써요.

Could you tell me how much this medicine costs?
이 약이 얼마인지 말씀해 주실 수 있어요?

Could you tell me how many bandaids you need?
반창고가 몇 개 필요한지 말씀해 주실래요?

3

이 약은 메스꺼운 증상에만 듣는 거죠, 그렇죠?

That's just for nauseousness, right?

여기서 **That**은 '약'을 가리킵니다. **That's just for ~**는 '~에 드는 약입니다'라는 패턴으로 쓸 수 있습니다.

That(=The medicine) is just for _____.
> **headaches** 두통
> **stomachaches** 위통
> **backaches** 요통

4

두통에도 효과가 있나요?

Will it help with my headache as well?

우리말로 일대일 대응하면 이런 표현은 나오기 힘든데요. 보통 '효과가 있는'이라고 하면 **effective**를 떠올리기 때문이에요. 이 경우에 원어민들은 '두통에 도움이 된다'는 의미로 **help with**를 쓰고요. '~일 것이다'라고 짐작을 나타내는 **will**을 써서 **Will it help with~?**로 '~에 도움이 될까요?'를 표현합니다.

Will it help with _____?
> **a sore throat** 인후염
> **insomnia** 불면증

as well은 '~뿐만 아니라'는 의미로 **also**와 같은 의미인데요. **as well**은 영국 영어에서는 **too**와 같이 쓰여요. 하지만 미국 영어에서는 격식적일 때 씁니다.

You can take this medicine, but you can't take that as well.
이 약을 드실 수 있지만, 저 약도 드시는 건 안돼요.

5

구토나 설사 증상이 있으시면 전해질을 섭취하셔야 해요.

If you're throwing up, and you have diarrhea, use electrolytes.

이 문장에는 아플 때 쓸 수 있는 표현들이 많이 나와요. 먼저, **throw up**은 '구토하다'라는 뜻이에요. 비슷한 단어로 **vomit**가 있어요. **have diarrhea**는 '설사하다'라는 뜻이에요. **If**절은 단순 추측을 나타내는 데 미래 내용을 추측하고 있지만 현재시제가 미래시제를 대신합니다. **electrolytes**은 전해질(나트륨과 칼륨)로 보통 스포츠 음료로 알고 있는 것들이에요.

I feel like I'm going to vomit.
토할 거 같아요.

If you drop the vase, it will break.
네가 꽃병을 떨어뜨리면, 그것을 깨질 것이다.

6

약 잠시 여기 두고 좀 더 둘러볼게요.

I'll keep that up here and look around some more.

keep ~ up here은 '~을 어떤 특정 장소에 계속 두다'는 뜻이 있어요. 여기서 **keep that up here**는 '약을 약국에 잠시 맡겨 두겠다'는 의미가 됩니다. **I'll**은 **I will**의 축약형으로 '~하려고 하다'는 의지를 나타냅니다. **look around**는 '~을 둘러보다'라는 의미입니다.

➕ 추가표현

약이 통증을 완화하거나 병을 치료하는 효과 이외에 몸에 영향을 미치게 되는 것을 **side effect**, '부작용'이라고 해요.

Does it have any side effects?
이것은 부작용이 있나요?

뉴요커 다희 씨가 약국에서 약사와 나누는 대화 내용입니다. 앞에서 배웠던 표현을 확인해 보세요!

Pharmacist	So **1** 이 약을 테이블스푼으로 6시간마다 드세요 if you feel nauseous.
Dahee	Tablespoon? OK. **2** 이 약은 얼마나 먹어야 하나요? And... If I should take it before meal or after meal?
Pharmacist	Sure. So you can take this medicine before meals, one teaspoon every six hours.
Dahee	Every six hours? OK.
Pharmacist	Yes. If you need it.
Dahee	And **3** 이 약은 메스꺼운 증상에만 듣는 거죠, 그렇죠?
Pharmacist	That's just for nauseousness.
Dahee	And **4** 두통에도 효과가 있나요?
Pharmacist	So once the nausea goes away, the headache should go away also. You shouldn't take any Motrin. If you need, you can take Tylenol instead for headache. Also... **5** 구토나 설사 증상이 있으시면 전해질을 섭취하셔야 해요.
Dahee	**6** 약 잠시 여기 두고 좀 더 둘러볼게요. And I'll come back. Thank you.
Pharmacist	Sure.

약사	그러면 **1** you take a tablespoon of this every six hours, 속이 안 좋으시면요.
다희	테이블스푼으로요? 알겠습니다. **2** Could you tell me how much I should take of this medicine? 그리고… 식전에 먹어야 하나요, 아니면 식후에 먹어야 하나요?
약사	네. 식전에 드시고요, 티스푼으로 1숟가락씩, 6시간 간격으로 드세요.
다희	6시간마다요? 네.
약사	네. 만약 증상이 있다면요.
다희	그럼 **3** that's just for nauseousness, right?
약사	메스꺼운 증상에 드시면 돼요.
다희	그럼… **4** will it help with my headache as well?
약사	메스꺼운 증상이 사라지면, 두통도 같이 없어질 거예요. 모트린은 드시면 안 됩니다. 대신 두통약을 드시려면 타이레놀을 드세요. 그리고… **5** If you're throwing up, and you have diarrhea, use electrolytes.
다희	**6** I'll keep that up here and look around some more. 그리고 다시 올게요. 감사해요.
약사	그러세요.

| WORDS |

nauseous 메스꺼운   tablespoon 테이블스푼   go away 없어지다

▶ 15 배달 여부 확인할 때

뉴요커 다희 씨가 피자 가게 직원과 대화를 나누고 있습니다. 어떤 대화를 나누는지 살펴볼까요?

? 영어로 어떻게 말할까요?

1 한 시간쯤 전에 피자랑 몇 가지 주문했는데요. 아직 못 받았어요.

힌트 order, receive

2 라일리 이름으로 주문했어요.

힌트 under

3 배달원이 한 30분 전쯤에 출발했어요.

힌트 delivery, leave

4 10분 안에 도착할 거예요.

힌트 within

궁금증 해결은
다음 페이지에서 !

AMERICAN CULTURE

미국의 피자 배달

우리는 오토바이 배달이 많은데 비해 미국의 경우 음식 배달은 자동차로 많이 합니다. 배달을 하면 매장에 직접 가서 먹거나 픽업(pick-up)하는 것과 다르게 서비스 차지(delivery charge)도 부과되고 배달원에게 따로 팁을 줘야 합니다. 만약에 20달러 미만의 주문일 경우에는 최소 3달러 정도를, 20달러가 넘는다면 10~15%를 주면 됩니다. 하지만 한국에 없는 메뉴가 있기도 하고 피자의 가격도 한국보다 저렴하고 사이즈가 큰 편이라 도전해 볼만 합니다.

CORE SENTENCES

영어 표현에 관한 궁금증을 해결해 볼까요?

1 한 시간쯤 전에 피자랑 몇 가지 주문했는데요. 아직 못 받았어요.

I ordered a pizza and few other things about an hour ago and we still haven't received it.

'~을 주문하다'는 **order**를 써서 표현할 수 있어요. '대략 한 시간 전'은 **about an hour ago**이라고 해요. **We still haven't received it.**은 한 시간 전쯤(과거)에 주문했는데 아직까지 받고 있지 못하고 있다는 과거에 일어난 일이 현재까지 영향을 미치고 있는 것을 나타내고 있어요. 이런 시제를 '현재완료' 라고 해요.

We still haven't _____.

                   found anything 구하지 못하다
                   seen a doctor 의사를 보지 못했다
                   had our dinner 저녁을 먹지 못했다

위의 표현을 좀더 간단히 표현하면 아래와 같이 말할 수 있어요.

I placed an order about an hour ago. But I haven't received it yet.
제가 주문한 지 한 시간 정도 됐는데. 아직도 못 받았어요

2 라일리 이름으로 주문했어요.

It's under Riley.

주문할 때 **It's Riley.**라고 이름만 얘기하지 말고 주문한 느낌이 들 수 있게 **It's under Riley.**라고 해 보세요. **under** 다음에 이름을 넣으면 됩니다.

The reservation is under Elsa.
예약은 엘사 이름으로 했어요.

3

배달원이 한 30분 전쯤에 출발했어요.

The delivery man already left like 30 minutes ago.

배달이 출발했는지 물어보는 질문에 대답할 때 쓸 수 있는 표현이에요. **already**는 '벌써'라는 의미로 **already left**는 '벌써 출발했다'라는 뜻입니다. 원래 부사 **already**는 현재완료(**have**＋과거분사)나 과거완료(**had**＋과거분사)와 함께 쓰입니다. 하지만 미국 영어에서는 구어체에서는 과거시제와 함께 쓰이기도 합니다.

already가 구어체 과거시제와 쓰인 경우입니다.

I already saw the movie.
나 벌써 그 영화 봤어.

already가 현재완료와 쓰인 경우입니다.

I've already seen the movie.
나 벌써 그 영화 봤어.

4

10분 안에 도착할 거예요.

He'll be there within 10 minutes.

will be there는 직역하면 '거기에 갈 거예요'라는 의미로 '도착하다'는 뜻입니다. **within**은 '~이내'라는 뜻으로 **within 10 minutes**는 '10분 안에'라는 의미입니다. 만약 '약 10분 후에'를 말한다면 **in about ten minutes**라고 하면 됩니다.

He'll be there in about 10 minutes.
그는 10분 후에 도착할 거예요.

I should be there within 1 hour.
나는 한 시간 안에 거기 가야만 해요.

뉴요커 다희 씨가 피자가게 직원과 나누는 대화 내용입니다. 앞에서 배웠던 표현을 확인해 보세요!

Dahee	Hello?
Staff	Hello.
Dahee	Hi, **1** 한 시간쯤 전에 피자랑 몇 가지 주문했는데요. 아직 못 받았어요.
Staff	Oh, what's your name?
Dahee	**2** 라일리 이름으로 주문했어요.
Staff	Riley? What's the apartment?
Dahee	Um, XXX East Stuy Town.
Staff	**3** 배달원이 한 30분 전쯤에 출발했어요. **4** 10분 안에 도착할 거예요.
Dahee	OK. Um… OK, that's fine. Thank you.
Staff	Yes. Bye.

다희	여보세요?
직원	여보세요.
다희	안녕하세요, **1** I ordered a pizza and few other things about an hour ago and we still haven't received it.
직원	아, 성함이 어떻게 되시죠?
다희	**2** It's under Riley.
직원	라일리요? 어느 아파트시죠?
다희	음, 이스트 스타이타운 XXX번지요.
직원	**3** The delivery man already left like 30 minutes ago. **4** He'll be there within 10 minutes.
다희	아. 네… 알겠습니다. 고마워요.
직원	네. 들어가세요.

16 ▶ 식당 예약 변경 전화할 때

뉴요커 다희 씨가 전화로 식당 직원과 대화를 나누고 있습니다. 어떤 대화를 나누는지 살펴볼까요?

? 영어로 어떻게 말할까요?

1 좀 전에 라일리란 이름으로 예약한 사람인데요.

[힌트] call, reservation

2 원래는 인원을 4명이라고 예약한 것 같은데요.

[힌트] originally, think

3 대신 인원을 3명으로 바꿀 수 있을까요?

[힌트] change, instead

4 변경 가능합니다.

[힌트] problem

궁금증 해결은
다음 페이지에서 !

AMERICAN CULTURE

미국 식당에서 계산할 때

우리나라에서는 종업원을 부를 때 큰 목소리로 '여기요!'라고 외치는 게 흔합니다. 반면에 미국에서는 계산할 때 'Hey' 하고 종업원을 부르는 것을 무례하다고 생각합니다. 식사를 다 하고 기다리고 있으면 종업원이 식사를 다 한 것을 확인하고 계산서를 가져다 줍니다. 그 계산서 위에 현금이나 카드를 올려놓으면 됩니다. tip은 영수증에 gratuity라고 씌어 있기도 합니다. 식당에서는 팁을 주셔야하는데요 계산한 양의 15~20%를 내면 됩니다.

CORE SENTENCES

영어 표현에 관한 궁금증을 해결해 볼까요?

1

좀 전에 라일리란 이름으로 예약한 사람인데요.

I called earlier and made a reservation under the name Riley.

called earlier는 '좀 전에 전화했는데요'라는 의미입니다. '예약하다'의 **make a reservation**은 과거의 일이기 때문에 **made**를 썼어요. **make a reservation**은 '(자리나 공간 등을) 예약하다'라는 의미가 있는 반면에 이와 비슷한 표현으로 **make an appointment**도 '예약하다'라는 뜻인데요. 병원 등을 예약할 때 씁니다. **under the name Riley**는 '~의 이름으로' 예약했다고 할 때 씁니다.

I made a reservation under the name _____.

> **Erica** 에리카
> **Jessica** 제시카

2

원래는 인원을 4명이라고 예약한 것 같은데요.

I originally made it for, I think, four people.

여기서 **it**은 **a reservation**을 가리킵니다. 그래서 **made it**은 '예약을 했다'라는 뜻이에요. 예약을 바꾸기 위해 처음에 예약한 것을 강조하기 위해 **originally**를 썼어요. **for** 다음에는 시간이나 인원수가 올 수 있습니다.

I made a reservation for _____.

> **6 p.m.** 저녁 6시
> **three** 3명

대신 인원을 3명으로 바꿀 수 있을까요?

Can I change it to three people instead?

change A to B라고 하면 'A에서 B로 바꾸다'라는 의미인데요. it은 four people이므로 이를 three people로 바꾸고 싶다는 거예요. instead은 '대신에'라는 뜻으로 항상 문장 끝에 옵니다. 이 문장은 '~하고 싶은데요'를 뜻하는 **I'd like to** 패턴을 써서 말할 수 있어요.

I'd like to change it to three people.
세 명으로 바꾸려고 합니다.

4

변경 가능합니다.

That's no problem.

이 표현은 직역하면 '문제가 아니에요.'라는 뜻으로 여기에서는 '변경이 가능합니다'는 의미입니다. **That's no problem.**은 부탁이나 질문에 대해 전혀 문제가 되지 않는다고 할 때 쓸 수 있어요.

➕ **추가 표현**

예약을 변경할 때 쓸 수 있는 표현에 대해 더 알아볼게요.

'추가하다'로 **add A to B**를 쓰는 경우입니다.
I'd like to add one more person to my party.
일행에 1명 더 추가 하고 싶어요.

'바꾸다'로 **change**를 쓰는 경우입니다.
I'd like to change my reservation date.
예약 날짜를 변경하고 싶은데요.

'취소하다'로 **cancel**을 쓰는 경우입니다.
I'm afraid I'll have to cancel my reservation.
죄송한데 예약을 취소해야 할 것 같아요.

뉴요커 다희 씨가 식당에 전화하고 있는 내용입니다. 앞에서 배웠던 표현을 확인해 보세요!

Dahee	Hello. **1** 좀 전에 라일리란 이름으로 예약한 사람인데요.
Staff	Yes.
Dahee	I was wanting to see if I can make a few changes to the reservation.
Staff	What would you like to change?
Dahee	So, **2** 원래는 인원을 4명이라고 예약한 것 같은데요. **3** 대신, 인원을 3명으로 바꿀 수 있을까요?
Staff	Yes! That's no problem.
Dahee	And then, possibly later time as well if you have any available.
Staff	What time?
Dahee	Um... around 1:30?
Staff	Yes, **4** 변경 가능합니다.
Dahee	OK. Thank you!
Staff	Yes.

다희	여보세요. **1** I called earlier and made a reservation under the name Riley.
직원	네.
다희	예약 내용을 좀 변경할 수 있을까 해서요.
직원	어떤 걸 변경하고 싶으세요?
다희	그게 **2** I originally made it for, I think, four people. **3** Can I change it to three people instead?
직원	네! 가능해요.
다희	그리고, 혹시 가능하면 예약 시간도 뒤로 미루고 싶은데요.
직원	몇 시로요?
다희	음… 1시 30분쯤으로요.
직원	네, **4** that's no problem.
다희	네. 감사해요!
직원	네.

| WORDS |

change 변경; 바꾸다

17 ▶ 특정 구도로 사진 찍어달라고 요청할 때

뉴요커 다희 씨가 관광지에 있습니다. 다른 관광객들과 어떤 대화를 나누는지 살펴볼까요?

(?) 영어로 어떻게 말할까요?

1 좀 더 두꺼운 스웨터를 입었으면 좋았을걸.

(힌트) wear, thicker

2 배경에 자유의 여신상과 제가 다 나오게 찍어 주시겠어요?

(힌트) full body, background

3 저도 한 장 찍어드릴까요?

(힌트) get

4 당신의 카메라로 찍어드릴까요?

(힌트) want

궁금증 해결은
다음 페이지에서 (!)

81

영어 표현에 관한 궁금증을 해결해 볼까요?

1

좀 더 두꺼운 스웨터를 입었으면 좋았을걸.

I wish I would have worn
a thicker sweater.

I wish는 '바라다, 소망하다'라는 의미로 어떤 일을 가정할 때 쓸 수 있어요. **I wish I had**＋과거분사는 '~했으면 좋았을걸'이라는 뜻으로 과거의 반대되는 상상을 나타내요. **I had worn**은 실제로는 **I didn't wear**라는 뜻이죠. 여기서는 **would have worn**이 쓰였는데요 원래는 **had worn**이라고 해야 문법적으로 맞습니다. **worn**은 **wear**의 과거분사(**wear-wore-worn**)입니다.

I wish I had gone out before it started raining. (실제로는 I didn't go out)
비가 오기 시작하기 전에 나갔어야 했어요.

2

배경에 자유의 여신상과 제가 다 나오게 찍어 주시겠어요?

Could you make sure my full body
is in it, with the background?

Could you make sure ~?는 '~해주실 수 있어요?'라는 뜻으로 확실하게 해달라는 뉘앙스가 있습니다. **full body**는 머리부터 발끝까지 전신을 의미합니다. **with** 대신에 **as well as**를 쓸 수도 있습니다.

Could you make sure my full body is in it, with the background?
= Could you make sure my full body is in it, as well as the background?

 추가 표현

관광지 등에서 사진을 요청하는 경우에 쓰는 표현입니다.
Could you take a picture from the waist up? 상체만 나오게 찍어 주시겠어요?

Could you take a picture from the waist up and also include the background? 상체만 나오게 찍어 주시겠어요? 배경도 같이요.

3

저도 한 장 찍어드릴까요?

Do you want me to get one of you?

'제가 ~해드릴까요?'는 **Do you want me to ~?** 패턴을 써서 말할 수 있어요.

Do you want me to _____ **?**

       stay with you 너와 함께 있다

       tell you something 너에게 어떤 것을 말하다

       drop by 들르다

당신의 카메라로 찍어드릴까요?

Do you want it with your own camera?

Do you want it ~?은 상대방이 원하는지 물어볼 때 쓸 수 있는 표현이에요. 여기서는 사진 찍는 것을 뜻해요. **with your own camera**는 '당신의 카메라'라는 의미입니다.

 추가 표현

관광지에서 사진을 찍을 때 쓸 수 있는 표현에 대해 더 알아볼게요.

Could you take a picture (of me), please?

사진 좀 찍어 주시겠어요?

Which button should I press?

어느 버튼을 누르면 되나요?

One more, please.

한 장 더 부탁합니다.

May I take a picture here?

여기서 사진을 찍어도 됩니까?

🎧 17. mp3

뉴요커 다희 씨가 관광지에서 나누는 대화 내용입니다. 앞에서 배웠던 표현을 확인해 보세요!

Dahee　It is a little bit cold, though. **1** 좀 더 두꺼운 스웨터를 입었으면 좋았을걸 but it's fine. We're fine.

(after a while)

Dahee　Could you take a picture?

Passer-by　Sure.

Dahee　**2** 배경에 자유의 여신상과 제가 다 나오게 찍어 주시겠어요? Yeah, more down. Yeah. Oh, thank you. **3** 저도 한 장 찍어드릴까요?

Dahee　OK. **4** 당신 카메라로 찍어드릴까요?

Passer-by　Yeah, great.

Dahee　One, two, three.

Passer-by　Thank you.

Dahee　Thank you.

Passer-by　Sure.

다희　좀 춥기는 하네요. **1** I wish I would have worn a thicker sweater 뭐, 하지만 괜찮아요.

(잠시 후에)

다희　사진 좀 찍어 주실 수 있나요?

행인　그럼요.

다희　**2** Could you make sure my full body is in it, with the background? 네, 좀 더 아래서요. 좋아요. 와, 고마워요. **3** Do you want me to get one of you?

다희　네. **4** Do you want it with your own camera?

행인　네, 좋아요.

다희　하나, 둘, 셋.

행인　고마워요.

다희　저도 고마웠어요.

행인　좋죠.

| WORDS |

a little bit 조금　　　　though (비록) …이긴 하지만

84

18 ▶ 자전거 대여할 때

뉴욕커 다희 씨가 자전거 대여소에 있습니다. 대여소 직원과 어떤 대화를 나누는지 살펴볼까요?

? 영어로 어떻게 말할까요?

1 온라인으로 자전거 한 대 예약했는데요.

> 힌트 reservation

2 몇 시까지 반납하면 될까요?

> 힌트 bring back

3 신분증과 신용카드 보여 주시겠어요?

> 힌트 form, credit card

궁금증 해결은
다음 페이지에서 **!**

AMERICAN CULTURE

뉴욕 센트럴 파크(Central Park) 자전거 투어

센트럴 파크는 뉴욕 중심부에 있는 국립공원이에요. '도심에서 자연으로 최단시간 탈출한다'는 명성에 걸맞게 공원의 규모가 상당히 큽니다. 그레이트 론(Great Lawn)이라고 불리는 잔디에서 휴식을 취하는 것도 좋겠지만, 가족 또는 친구들과 함께 센트럴 파크를 자전거로 둘러보는 것도 추천합니다. 센트럴 바이크 파크 투어는 적어도 2시간이 소요되고, 가이드의 설명을 들으며 센트럴 파크의 필수 관광 명소를 둘러 볼 수 있습니다. 2인 이상 일 때는 tandem bike라고 하는 2인용 자전거를 탈 수도 있어요. 자전거를 빌릴 때는 신분증을 요청하기 때문에 신분증을 필히 지참해야 하는 거 잊지 마세요.

영어 표현에 관한 궁금증을 해결해 볼까요?

1

온라인으로 자전거 한 대 예약했는데요.

I made a reservation for a bike online.

'자전거 ~대를 예약했어요'는 **I made a reservation for ~.** 패턴을 써서 말할 수 있어요. **online**은
온라인으로 예약했을 때 쓸 수 있고요. 실제로 온라인으로 자전거를 예약할 경우 할인이 되기도 합니다.

I made a reservation for _____.

> **three bikes online** 온라인으로 자전거 3대
> **a bike under the name Erika** 에리카 이름으로 자전거 한 대
> **two bikes** 자전거 2대

➕ 추가 표현

'자전거를 빌리고 싶다'고 할 때 **I'd like to rent**를 써서 표현할 수 있습니다.

I'd like to rent a bike.
자전거를 빌리고 싶은데요.

2

몇 시까지 반납하면 될까요?

What time do I have to bring back the bike by?

What time은 '몇 시'라는 의미예요. **have to**는 '~해야만 한다'는 의무를 나타내요. **bring back**
은 '다시 가져오다'는 뜻인데요. 일상생활에서는 '돌려주다, 반납하다'라고 할 때 **bring it back**, **take
something back**, **put it back** 등과 같은 구동사를 **return**보다 자주 쓰는 경향이 있습니다. 구동
사는 동사+전치사 또는 동사+부사의 형태처럼 2개 이상의 단어들로 구성되어 동사로 사용되는 것을
뜻해요. **by**는 '어떤 특정 시간 전에 늦지 않게'라는 의미로 **By what time**처럼 앞으로 와도 됩니다.

Please bring it back by 5 p.m.
오후 5시까지는 반납을 해주시기 바랍니다.

3

신분증과 신용카드 보여 주시겠어요?

Could I see any form of ID and a credit card?

Could I see~?는 '~해주시겠어요?'라고 요청할 때 쓰는 공손한 표현이에요. **any form of**는 '어떠한 형태의 ~'라는 의미로 여러 상황에서 쓸 수 있어요.

Could I see any form of photo ID?
사진이 들어있는 신분증을 볼 수 있을까요?

Is it possible to use any form of payment?
어떤 지불 수단을 사용해도 괜찮나요?

➕ 추가 표현

자전거나 책 등을 빌렸다가 반납할 때 **Where should I return ~?**(어디에 반납하면 되나요?) 패턴을 쓸 수 있어요.

Where should I return _____?

        the books 책들
        the bike 자전거

🎧 18. mp3

뉴요커 다희 씨가 자전거 대여소에서 나누는 대화 내용입니다. 앞에서 배웠던 표현을 확인해 보세요!

Dahee　Hi, **1** 온라인으로 자전거 한 대 예약했는데요.

Staff　OK, I just need your name, do you have the…, I have to scan, can I see? Can I get one ID or a credit card?

Dahee　This is the credit card that we used.

(when she came out of the bicycle rental shop)

Dahee　"**2** 몇 시까지 반납하면 될까요?"

Dahee　"You have one hour so until 4:50."

Dahee　"**3** 신분증과 신용카드 보여 주시겠어요?"

다희　저, **1** I made a reservation for a bike online.

직원　아, 성함만 알려주시면, 그… 스캔해야 해서, (예약 내용) 한번 보여 주시겠어요? 신분증이나 신용카드 주시겠어요?

다희　이게 예약 때 사용한 신용카드예요.

(자전거 대여소에서 나와서)

다희　"**2** What time do I have to bring back the bike by?"

다희　"1시간 이용하시면 되니까 4시 50분까지요."

다희　"**3** Could I see any form of ID and a credit card?"

| WORDS |

scan (스캐너로) 스캔하다　　　bicycle rental shop 자전거 대여소　　　until ~까지

88

뉴요커 다희 씨가 사무실에 있는데 손님이 찾아왔어요. 다희 씨가 손님과 어떤 대화를 나누는지 살펴볼까요?

[?] 영어로 어떻게 말할까요?

1 제시카를 만나러 왔는데요.

　[힌트] see

2 (그녀는) 돌아오는 중이고요.

　[힌트] way

3 여기 앉으시면 돼요.

　[힌트] seat

4 갖다 드릴게요.

　[힌트] get

궁금증 해결은
다음 페이지에서 [!]

AMERICAN CULTURE

The Art of Introductions (비즈니스에서 소개의 기술)

비즈니스에서 사람을 소개할 때 누구를 먼저 소개해야 하는지 헷갈릴 때가 있는데요. 소개에는 몇 가지 규칙이 있습니다. 먼저, 한 회사의 직원들만 있다면 기본적인 원칙은 성별이나 나이에 관계 없이 직위가 낮은 사람을 높은 사람에게 먼저 소개해야 합니다. 소개할 때는 I would like to introduce ~, Please meet, This is~ 등의 표현을 사용하면 됩니다. 예를 들어, Mrs. President, this is Ms. Aniston이라고 합니다. 만일 모두 비슷한 직위라면 누구를 먼저 소개해도 상관없습니다. Mr. Pitt, this is Ms. Jolie. 그런데 직원과 고객과의 만남이라면 사장이나 임원이어도 직원을 먼저 고객에게 소개해야 합니다. Ms. Brown, this is my sales team. 이렇게 말할 수 있습니다. 그리고 항상 오른손을 비워 둬야 하는데요, 고객을 만나서 바로 악수할 수 있도록 말입니다.

 CORE SENTENCES

영어 표현에 관한 궁금증을 해결해 볼까요?

 1

제시카를 만나러 왔는데요.
I'm here to see Jessica.

I'm here to는 '~하러 왔어요'라는 의미입니다. 어떤 장소에 무엇인가를 하기 위해 왔다고 목적을 밝히할 때 사용할 수 있어요.

I'm here to _____.

> **have a meeting** 회의가 있다
> **participate in the seminar** 세미나에 참석한다
> **have an interview** 면접이 있다

 2

(그녀는) 돌아오는 중이고요.
She's on her way in.

on her way는 '~하는 도중에'라는 의미입니다. 한 장소에서 다른 장소로 이동 중일 때 쓸 수 있는 표현으로 on its way 또는 on the way로 말하기도 합니다. 여기서 on her way in은 '사무실로 오는 중'이라는 의미로 쓰였는데요. 보통 '~로 가는 도중이다'라고 할 때 'be on the way to+장소' 형식으로 많이 쓰입니다.

She is on her way to _____.

> **city hall** 시청
> **the community center** 커뮤니티 센터

➕ 추가 표현

거의 다 왔다고 할 때 다음과 같이 말하면 됩니다.
She's almost here.
그녀는 거의 다 왔어요.

She'll be here soon.
곧 그녀가 올 거예요.

90

3

여기 앉으시면 돼요.
You can just have a seat here.

'앉다'라고 하면 **sit**을 가장 먼저 떠올릴 텐데요. 사실 **Sit down, please.**는 명령의 느낌이 있습니다. 이보다 좀더 공식적인 자리에서 쓸 수 있는 표현으로 여기처럼 **Have a seat, (please).**가 있어요. 이와 비슷한 표현으로 **Take a seat, (please).**도 있어요. 이외에도 상대방에게 자리에 앉으라고 권할 때 다음과 같이 말할 수 있어요.

Would you like to have a seat?
=Take a seat, please.
= Please be seated.
앉으시겠어요?

4

갖다 드릴게요.
I'll get that for you.

get that은 '차를 가져다 준다'는 의미로 여기서 **get**은 '갖다 주다'의 **bring**과 비슷한 느낌입니다. 이 문장은 단어 하나하나 발음하기보다는 이어서 빠르게 발음하는 게 중요합니다.

I went back to the office to get my cell phone.
휴대폰을 가지러 사무실에 다시 갔다 왔어요.

🎧 19. mp3

뉴요커 다희 씨가 사무실에 찾아온 손님과 나누는 대화 내용입니다. 앞에서 배웠던 표현을 확인해 보세요!

Dahee   Hi, how can I help you?

Guest   Hi, I'm Grace. **1** 제시카를 만나러 왔는데요.

Dahee   Jessica is out in another meeting right now. **2** (그녀는) 돌아오는 중이고요. Do you want to have a seat and wait?

Guest   Sure. That sounds great.

Dahee   **3** 여기 앉으시면 돼요. Would you like something to drink? Like, we have tea, water, or coffee.

Guest   Tea would be great.

Dahee   OK. **4** 갖다 드릴게요.

Guest   Thank you.

다희   안녕하세요, 어떻게 오셨어요?

손님   안녕하세요, 그레이스입니다. **1** I'm here to see Jessica.

다희   제시카는 지금 다른 미팅으로 외근 중이에요. **2** She's on her way in. 잠시 앉아서 기다리실래요?

손님   네. 그게 좋겠네요.

다희   **3** You can just have a seat here. 마실 것 좀 드릴까요? 차랑 물, 커피가 있어요.

손님   차가 좋겠네요.

다희   네. **4** I'll get that for you.

손님   감사합니다.

| WORDS |

right now 지금은   have a seat 앉다, 착석하다   would be great ~면 좋을 거 같아요

20

세탁소에 옷을 맡길 때

뉴요커 다희 씨가 세탁소에서 직원과 대화를 나누고 있습니다. 어떤 대화를 나누는지 살펴볼까요?

? 영어로 어떻게 말할까요?

1 이건 수선해야 할 것 같아요.

힌트 tailored, fixed

2 단추가 떨어지려고 해요.

힌트 fall off

3 이건 드라이클리닝 해주세요.

힌트 dry-cleaned

4 얼마나 걸릴까요?

힌트 long

5 좀 급해서요, 최대한 빨리 해주세요.

힌트 as soon as

궁금증 해결은
다음 페이지에서 !

AMERICAN CULTURE

Subway Laundry(지하철 안 세탁소)

뉴욕에는 지하철역 안에 세탁 서비스를 제공하는 상점이 있습니다. 이것을 **Subway Laundry**라고 하는데요. 지하철역 내에 세탁물을 맡기고 찾을 수 있는 별도 장소가 마련되어 있어서 출근할 때 세탁물을 맡기고 퇴근할 때 찾아올 수 있어 바쁜 직장인들한테 인기만점이라고 하네요.

CORE SENTENCES

영어 표현에 관한 궁금증을 해결해 볼까요?

---

1 이건 수선해야 할 것 같아요.

This one needs to be tailored or fixed, I guess.

---

needs to be tailored or fixed는 '옷을 수선해야 한다'라는 의미입니다. 하지만 **fixed**는 기계 같은 것을 수리할 때 쓰므로 이 경우에는 **tailored**가 더 자연스럽습니다. 이 표현 대신에 더 간단히 **I have something to be~**를 써서 '~할 게 있는데요' 하고 세탁소에 필요한 일을 요청할 수 있습니다.

I have something to be _____.

　　　　　　　tailored 수선해야 하는
　　　　　　　dry-cleaned 드라이클리닝 해야 하는

➕ 추가 표현

'옷 좀 맡기러 왔어요.'라고 할 때 본문에서는 **I was wanting to**를 썼지만 **I'm here to~**를 써서 표현할 수 있습니다.

I was wanting to drop off a few pieces.
= I'm here to drop off a few pieces.

---

2 단추가 떨어지려고 해요.

The button is falling off.

---

fall off는 '떨어지다'는 의미입니다. 단추가 옷에서 떨어지는 것처럼 붙어있는 것으로부터 떨어지는 느낌을 들 때 이 표현을 쓸 수 있습니다.

He fell off a ladder.
그는 사다리에서 떨어졌어요.

3

이건 드라이클리닝 해주세요.

This one just needs to be dry-cleaned.

need to be dry-cleaned는 '드라이클리닝을 해야 한다'는 의미입니다. **This one needs to be**
를 써서 '~할 필요가 있다'고 말할 수 있습니다. 그리고 주어로 **This**만 쓸 때보다 **This one**이라고 하
면 여러 개의 옷 중에서 특별히 이 옷은 드라이클리닝을 한다는 강조하는 느낌이 있습니다.

This one just needs to be tailored. 이건 수선해 주세요.

4

얼마나 걸릴까요?

Do you know about how long it will take?

Do you know about은 '~에 대해서 알고 있나요?'라는 뜻이고요. **how long it will take?**는 '얼
마나 오래 걸리나요?'라는 뜻인데요 **about**의 목적어이기 때문에 '의문사＋주어＋동사'로 쓰였어요.

5

좀 급해서요, 최대한 빨리 해주세요.

I mean I'm kind of in a hurry to get them so, just as soon as possible.

I mean은 설명을 하거나 예를 들 때 쓰는 표현인데요. 다음 말로 이어지기 전에 포즈를 줄 때 쓰기도 합
니다. **be in a hurry**는 '급하다', **as soon as possible**은 '가능한 한 빨리'라는 의미예요.

Please do it as soon as possible.
최대한 빨리 해주세요.

뉴요커 다희 씨가 세탁소 직원과 나누는 대화 내용입니다. 앞에서 배웠던 표현을 확인해 보세요!

Dahee	Hi. I was wanting to drop off a few pieces.
Staff	OK.
Dahee	**1** 이건 수선해야 할 것 같아요. **2** 단추가 떨어지려고 해요.
	I can't find it… somewhere… Oh, right here.
Staff	OK, so do you need the button?
Dahee	Yeah.
Staff	OK.
Dahee	**3** 이건 드라이클리닝 해주세요.
Staff	OK. What's the last name, please?
Dahee	Han, H, A, N.
Staff	First name?
Dahee	Riley, R.I.L.E.Y. **4** 얼마나 걸릴까요?
Staff	When do you need it?
Dahee	Um, **5** 좀 급해서요, 최대한 빨리 해주세요.
Staff	OK, um, is Friday fine?
Dahee	Yeah, Friday is fine.
Staff	Thank you so much. Have a nice day.
Dahee	Thank you. And this is the total?
Staff	Yes.
Dahee	OK. All right. Thank you.
Staff	You're welcome.

다희	안녕하세요. 옷 좀 맡기려고 하는데요.
직원	네.
다희	**1** This one needs to be tailored or fixed, I guess. **2** The button is falling off. 어디더라… 여기… 아, 여기요.
직원	네, 단추도 필요하세요?
다희	네.
직원	알겠습니다.
다희	**3** This one just needs to be dry-cleaned.
직원	네. 성이 어떻게 되시죠?

다희	한이요, H, A, N.
직원	성함은요?
다희	라일리, R.I.L.E.Y. **4** Do you know about how long it will take?
직원	언제까지 필요하세요?
다희	음, **5** I mean I'm kind of in a hurry to get them so, just as soon as possible.
직원	알겠습니다, 음, 금요일 괜찮으세요?
다희	네, 금요일 좋아요.
직원	감사합니다. 좋은 하루 보내세요.
다희	감사해요. 이게 전체 금액인가요?
직원	네.
다희	네. 알겠습니다. 감사해요.
직원	천만에요.

| WORDS |

drop off ~에 갖다 놓다   **last name** (이름의) 성   **total** 총액
You're welcome. 천만에요.

21

헬스장 프로그램 문의할 때

뉴요커 다희 씨가 헬스장에서 직원과 대화를 나누고 있습니다. 어떤 대화를 나누는지 살펴볼까요?

？ 영어로 어떻게 말할까요?

1 다른 옵션은 뭐가 있죠?
   힌트 option

2 이 수업들은 회원제는 아니에요.
   힌트 necessarily, based

3 여기는 어떤 편의시설이 있어요?
   힌트 amenities, available

4 사용할 수 있는 수건이 있어요.
   힌트 there

5 또 수업이 있을 때 수업 전후로 누구나 재충전할 수 있는 카페도 있어요.
   힌트 replenish

궁금증 해결은
다음 페이지에서 ！

AMERICAN CULTURE

Broken English

Broken English는 한국어의 기준이 적용되거나 한국어의 문법 요소가 적용되어 원어민들은 이해하지 못하는 영어를 말합니다. Singlish(싱가포르식 영어), Spanglish(스페인어식 영어), Konglish(한국어식 영어)가 그 예입니다. 예를 들어, 콩글리시에는 헬스장에서 쓰이는 것이 있는데요. 예를 들어, 'running machine 좀 뛰어야겠어' 할 때도 running machine도 역시 콩글리시. 이것은 treadmill이라고 해야 합니다.

CORE SENTENCES

영어 표현에 관한 궁금증을 해결해 볼까요?

1

다른 옵션은 뭐가 있죠?

What are the options you have?

'옵션이 있어요'는 **have an option**이라고 해요. 그래서 **options you have**은 직역하면 '당신이 가지고 있는 옵션'입니다. **(that) you have**는 관계대명사절로 앞에 나오는 명사인 **options**을 꾸며주고 있어요. 관계대명사절의 목적격일 때 **that**은 생략할 수 있습니다.

What are the _____ **(that) you have?**

                    ideas 아이디어

                    suggestions 제안

                    solutions 해결책

2

이 수업들은 회원제는 아니에요.

Those necessarily aren't membership-based.

not necessarily는 '반드시 ~은 아닌'이라는 뜻입니다. 여기서 **necessarily**는 수업들이 꼭 회원제일 필요는 없다는 것을 나타냅니다. **membership-based**는 '회원제로 운영되는'이라는 의미입니다. **This is a membership-based**는 '회원제로 운영되는 ~입니다'라는 의미입니다.

This is a membership-based _____ .

                          salon 헤어샵

                          organization 조직

                          program 프로그램

CORE SENTENCES

3

여기는 어떤 편의시설이 있어요?

What amenities do you have available here?

---

amenity는 '편의시설'이라는 의미로 주로 복수 형태인 **amenities**로 씁니다. 어떤 장소를 더 살기 쉽고 편하게 만들어 주는 것들은 가리킵니다. 사물이 주어로 오면 **available**은 '이용할 수 있는'이라는 뜻인데요, 사람이 주어로 오면 '시간이 되는'이라는 의미입니다.

Amenities available on request include a hairdryer.
요청시 제공되는 편의기구(시설)로는 드라이어가 있습니다.

Towels are available for free at the pool.
수영장에서는 타월을 무료로 사용하실 수 있습니다.

She is not available at the moment.
그녀는 지금 시간이 안 돼요.

4

사용할 수 있는 수건이 있어요.

There are towels for you to use.

There are는 '~이 있다'라는 뜻이에요. **towels for you to use**는 '당신이 사용할 수 있는 타월'이라는 의미로 **for you to use**는 **towels**을 형용사처럼 꾸며주고 있어요. **for you**는 **to use**의 의미상 주어예요.

There are _____ **for you to use.**

         hairdryers 헤어드라이기
         chairs 의자
         shaving kits 면도 도구

5 또 수업이 있을 때 수업 전후로 누구나 재충전할 수 있는 카페도 있어요.

We also have a cafe for anyone to replenish before and after class while they're here.

---

replenish는 '보충하다, 다시 채우다'라는 의미입니다.

You should replenish your body after a workout.
운동 후에 몸을 회복해야 해요.

for anyone은 to replenish의 의미상 주어예요. 그래서 **a café for anyone to replenish**는 '누구나 재충전할 수 있는 카페'라는 뜻입니다.

We have a sauna and spa for anyone to soothe away your stresses.
우리는 스트레스를 달래 줄 사우나와 스파가 있어요.

before and after는 '~전후의'라는 뜻으로 **before and after class**는 '수업 전후'라는 뜻이에요. **they**는 운동하는 사람들, 즉, 회원들을 가리킵니다.

They can use hand sanitizers before and after their exercise.
그들은 운동 전후에 손 세정제를 사용할 수 있어요.

뉴요커 다희 씨가 헬스장 직원과 나누는 대화 내용입니다. 앞에서 배웠던 표현을 확인해 보세요!

Dahee Hi.

Staff How are you?

Dahee Good. I was just wanting to possibly sign up for a membership?

Staff Sure. Are you interested in group classes?

Dahee **1** 다른 옵션은 뭐가 있죠?

Staff So we have two floors, our downstairs is crossfit which is membership only. And then upstairs we have our studio classes which are a bunch of different varieties. So we offer boot camp, boxing, yoga, dance, Pilates, and **2** 이 수업들은 회원제는 아니에요. But they're by classes. You can do a single, pack of 5, 10, 20, so on and so forth.

Dahee OK, so everything is group exercise, but crossfit is just a membership and the upstairs is, you can pay by class?

Staff Correct.

Dahee OK, and then um... **3** 여기는 어떤 편의시설이 있어요?

Staff So for anyone who takes classes, we also have our locker rooms. There are 8 showers in both the men's and women's. **4** 사용할 수 있는 수건이 있어요, toiletries, lockers throughout the facility, and then... **5** 또… 수업이 있을 때 수업 전후로 누구나 재충전할 수 있는 카페도 있어요.

Dahee OK. All right. Thank you.

Staff You're welcome, bye!

Dahee Bye!

다희　안녕하세요.

직원　안녕하세요?

다희　네. 혹시 회원 등록할 수 있을까요?

직원　물론이죠. 그룹 클래스에 관심이 있으신가요?

다희　**1** What are the options you have?

직원 음, 저희가 층이 두 개인데요, 아래층은 회원제 크로스핏 공간이고요. 위층에는 스튜디오 연습실이 있고 그곳에서는 다양한 프로그램이 운영되고 있어요. 부트 캠프, 복싱, 요가, 댄스, 필라테스 반을 운영하고 있고요, **2 those necessarily aren't membership based.** 각각 단일 강좌고요. 일대일 수업을 하거나 5명, 10명, 20명 등 그룹으로 할 수 있어요.

다희 아, 그럼 모든 수업이 그룹 수업이라는 거죠, 크로스핏은 회원제고, 위층에서 (하는 수업들은) 수업에 따라 계산하는 거죠?

직원 맞습니다.

다희 네, 그리고 음… **3 What amenities do you have available here?**

직원 수강생들을 위해 라커룸을 제공해요. 남녀 탈의실에 모두 8개의 샤워실이 있어요. **4 There are towels for you to use,** 시설 곳곳에 세면도구와 사물함이 있고, **5 we also have a cafe for anyone to replenish before and after class while they're here.**

다희 네. 알겠습니다. 감사해요.

직원 별말씀을요, 안녕히 가세요!

다희 안녕히 계세요!

| WORDS |

sign up for 등록하다   crossfit 다양한 종목을 섞어서 하는 운동   a bunch of 다수의
Pilates[필라티즈] 필라테스   take a class 수업을 듣다   toiletries (주로 복수형) 세면도구

22 ▶ 분실물 문의 전화

뉴요커 다희 씨가 카페 직원과 전화로 대화를 나누고 있습니다. 어떤 대화를 나누는지 살펴볼까요?

(?) 영어로 어떻게 말할까요?

1 제가 열쇠 꾸러미랑 지갑을 두고 온 것 같아요.
　　(힌트) leave, keys

2 혹시 찾으신 게 있나 해서요.
　　(힌트) wonder

3 혹시 뭐라도 찾으시면, 전화 주실 수 있을까요?
　　(힌트) call back

궁금증 해결은
다음 페이지에서 (!)

▶ CORE SENTENCES

영어 표현에 관한 궁금증을 해결해 볼까요?

1

제가 열쇠 꾸러미랑 지갑을 두고 온 것 같아요.

I think, I might have left a set of keys and a wallet.

'might have+과거분사'의 형태로 '~했을지도 모른다'는 의미로 어떤 일이 과거에 일어났을지도 모른다는 가정을 할 때 씁니다. 따라서 **might have left**는 '두고 온 것 같아요'라는 의미입니다.

I might have made a mistake.
제가 실수한 것 같아요.

She might have forgotten the appointment.
그녀는 약속을 까먹었을지도 몰라.

a set of keys는 '열쇠 꾸러미'라는 의미인데요, **a set of**는 비슷한 종류의 물건이 묶음으로 있는 것을 표현해요.
He bought a set of cards.
그는 카드 한 세트를 샀어요.

2

혹시 찾으신 게 있나 해서요.

I was wondering if you found anything.

I was wondering if는 '~일지 궁금해서요'라는 의미입니다. 상대방에게 공손하게 도와달라고 요청할 때 쓸 수 있는 표현이에요. 현재 궁금해서 묻고 있지만 현재시제 **am**이 아니라 과거시제 **was**를 쓰고 있다는 것을 기억하세요. **you found anything**은 찾았는지 여부를 확인하고 있기 때문에 역시 과거시제로 썼어요.

I was wondering if you could come tomorrow.
내일 올 수 있는지 궁금해서요.

I was wondering if I could borrow your umbrella.
우산을 빌릴 수 있는지 궁금해서요.

3

혹시 뭐라도 찾으시면, 전화 주실 수 있을까요?

If you happen to find anything, could you give me a call back?

happen to+동사원형은 '우연히 ~하게 되다'라는 의미입니다. 그래서 **If you happen to find anything**은 '혹시 무엇이라도 찾게 된다면'이라는 의미입니다.

If you happen to find out, tell me.
혹시 알게 되면 말해주세요.

If you happen to know it, please tell me.
혹시라도 알게 되면, 말씀해 주세요.

➕ 추가 표현

'happen to+동사원형'이 **Do you happen to+동사원형?**으로 쓰이면 공손하게 요청한다는 늬앙스가 있어요.

Do you happen to have a correction tape?
혹시 수정테이프가 있어요?

Do you happen to know the name of her movie?
혹시 그녀의 최근 영화 제목 아세요?

give me a call back은 '전화를 주세요'라는 의미입니다. 이와 비슷한 표현으로 **Please call me back.** 혹은 **Please call me.**도 자주 쓰여요.

Could you get her to give me a call back, please?
저에게 전화 좀 달라고 그녀에게 전해 주시겠어요?

➕ 추가 표현

분실물이 발생했을 때 쓸 수 있는 표현에 대해 더 알아볼게요.

What does it look like?
어떻게 생겼나요?

Have you looked everywhere?
(다) 잘 찾아봤어요?

뉴요커 다희 씨가 카페 직원과 분실물에 관해 전화하는 내용입니다. 앞에서 배웠던 표현을 확인해 보세요!

Staff	Hello.
Dahee	Hello?
Staff	Yes.
Dahee	Hi, I was there about an hour ago. And **1** 제가 열쇠 꾸러미랑 지갑을 두고 온 것 같아요. **2** 혹시 찾으신 게 있나 해서요.
Staff	You left your wallet?
Dahee	Yes.
Staff	Hold on. No, we don't have it.
Dahee	Oh, really...?
Staff	Yes.
Dahee	OK. **3** 혹시 뭐라도 찾으시면, 전화 주실 수 있을까요?
Staff	What's the number?
Dahee	417-849-XXXX.
Staff	All right. I'll keep this number, if anything, I'll call you. OK?
Dahee	OK. Thank you so much.
Staff	You're welcome.
Dahee	Bye.

직원	여보세요.
다희	여보세요?
직원	네.
다희	안녕하세요, 한 시간 전에 거기 카페에 있었는데요. 그리고 **1** I think, I might have left a set of keys and a wallet. **2** I was wondering if you found anything.
직원	지갑을 두고 가셨다고요?
다희	네.
직원	잠시만요. 아뇨, 없어요.
다희	아, 정말요…?
직원	네.
다희	알겠습니다. **3** If you happen to find anything, could you give me a call back?
직원	번호가 어떻게 되시죠?
다희	417-849-XXXX예요.

직원   알겠습니다. 번호 가지고 있다가, 뭐라도 찾으면 연락 드릴게요, 알겠죠?
다희   네, 정말 고마워요.
직원   아닙니다.
다희   끊을게요.

| WORDS |

leave 두고 오다[가다]   Hold on. (전화에서) 기다리세요.   keep 가지고 있다
if anything 만일 ~있다면

불친절한 서비스 신고
이메일 보낼 때

뉴요커 다희 씨가 이메일을 쓰고 있습니다. 누구에게 어떤 내용에 대해 쓰는지 살펴볼까요?

(?) 영어로 어떻게 말할까요?

1 며칠 전에 가족들과 귀하 레스토랑에서 식사를 했습니다.

(힌트) dine

2 모든 음식이 너무 짰습니다.

(힌트) salty

3 저희는 식당에서 있었던 고객 서비스 방식에 매우 실망했습니다.

(힌트) disappointed

4 이 상황을 다르게 해결할 수 있었을 거라 생각이 듭니다.

(힌트) handle

5 다시는 이런 일이 없기를 바랍니다.

(힌트) happen

궁금증 해결은
다음 페이지에서

AMERICAN CULTURE

이메일에서 자주 하는 실수

비즈니스 이메일에서 흔하게 하는 실수들이 있는데요. 그 중에 하나가 날짜에 대한 거예요. 나라마다 날짜 표기가 약간씩 다릅니다. 06/05/2019는 미국에서는 월(month) 다음에 일(date)을 쓰기 때문에 6월 5일이라고 이해하지만, 반면에 유럽에서는 2019년 5월 6일이라고 이해합니다. 따라서 월(month)은 숫자로 쓰기보다는 영어로 쓰는게 혼란을 피할 수 있습니다.

예시. 영국식 – 5 June 2019
　　　미국식 – June 5, 2019

CORE SENTENCES

 영어 표현에 관한 궁금증을 해결해 볼까요?

1
며칠 전에 가족들과 귀하 레스토랑에서 식사를 했습니다.

I dined at your restaurant with my family a few days ago.

'외식하다'라고 할 때 **eat out**을 많이 쓰는데요. **eat out**은 간단하게 외식하는 경우에 많이 쓰여요. 반면에 격식을 차린 외식은 **dine (out)**을 씁니다. **out**은 생략하기도 해요.

➕ 추가 표현

이메일을 쓸 때 먼저 이메일을 쓴 목적을 밝히기도 합니다. 그때 '~에 불만을 제기하고자 글을 씁니다'를 **I am writing to complain about ~**의 형태로 많이 씁니다.

I am writing to complain about the poor service at your restaurant.
귀하의 레스토랑의 형편없는 서비스에 대해 이메일을 씁니다.

at your restaurant는 '귀하의 레스토랑', **with my family**는 '우리 가족'과 **a few days ago**는 '며칠 전에'라는 뜻입니다.

2
모든 음식이 너무 짰습니다.

All of the food items were way too salty.

all of the food items는 '모든 음식'을 가리킵니다. **food items** 대신에 **all of the dishes**라고 표현할 수도 있습니다.

way too는 '너무 ~한'이라는 뜻으로 **way too salty**는 '심각할 정도로 너무 짠'이라는 의미입니다. '저한테 너무 ~하네요'라고 말하고 싶을 때 **This is way too+형용사+for me.** 패턴으로 씁니다.

This is way too _____ **for me.**

sweet 단
short 짧은
hot 더운

3

저희는 식당에서 있었던 고객 서비스 방식에 매우 실망했습니다.

We were very disappointed in how the customer service was at the restaurant.

be very disappointed in...은 '~이 너무 실망스럽다'라는 의미입니다. **very**를 써서 아주 실망했다는 것을 강조하고 있어요.

I was very[extremely] disappointed in you.
너에 대해서 아주 실망 했어.

how the customer service was는 '고객 서비스가 어땠는지'라는 의미인데요. **in**의 목적어이기 때문에 평서문 어순이에요. 이렇게 **how**는 어떤 것에 대한 경험이나 의견을 말할 때도 쓸 수 있어요.

How was the film you saw yesterday?
어제 본 영화 어땠어요?

4

이 상황을 다르게 해결할 수 있었을 거라 생각이 듭니다.

This situation could have been handled differently.

handle은 '처리하다, 다루다'라는 의미로 **be handled**가 되면 '처리되다'라는 뜻이 돼요. 그래서 **could have been handled differently**는 '다르게 처리될 수 있었을 텐데'라는 의미입니다. **could have**+과거분사는 '~할 수 있었을 텐데'라는 과거에 일어났었으면 좋았겠지만 일어나지 않은 일에 대해 말할 때 쓸 수 있습니다.

The accident could have been prevented.
그 사고는 방지할 수도 있었을 텐데…

CORE SENTENCES

5

다시는 이런 일이 없기를 바랍니다.

I hope this does not happen again to anyone else.

I hope는 '~하기를 바라다'라는 뜻이에요. 어떤 일에 바람을 공손히 전달하는 표현입니다. hope와 this 사이에 접속사 that이 생략되었어요.

I hope (that) the subway isn't delayed again.

전철이 다시 늦게 오지 않기를 바라요.

(➕ 추가 표현)

hope와 wish는 둘 다 '바라다, 희망하다'라는 뜻이지만 느낌은 다른 단어입니다. 먼저 wish는 현실적으로 일어나기 힘든 불가능한 일을 바랄 때 씁니다. 하지만 hope는 '진짜 원하는 희망사항'을 표현해요.

I wish I could help you.

내가 널 도울 수 있으면 좋을텐데. (하지만 현실적으로는 도와줄 수 없음)

I hope you will succeed soon.

네가 조만간 성공하기를 바라.

뉴요커 다희 씨가 식당에 이메일을 보내는 내용입니다. 앞에서 배웠던 표현을 확인해 보세요!

Hello. My name is Riley and **1** 며칠 전에 가족들과 귀하 레스토랑에서 식사를 했습니다. We were there for a family member's birthday dinner. When we received our food, **2** 모든 음식이 너무 짰습니다, and (the food) was not how we expected them to be. When we complained and politely asked our waiter to exchange the food items, he was very rude and treated all of us with disrespect. **3** 저희는 식당에서 있었던 고객 서비스 방식에 매우 실망했습니다, and felt that **4** 이 상황을 다르게 해결할 수 있었을 거라 생각이 듭니다. I hope to hear back from the management. And **5** 다시는 이런 일이 없기를 바랍니다.

Thank you.

Riley Han

안녕하세요. 제 이름은 라일리이고요, **1** I dined at your restaurant with my family a few days ago. 가족 중 한 명이 생일이라서 방문했던 거였는데요. 음식이 나왔는데 **2** all of the food items were way too salty, 그리고 음식도 저희가 생각했던 음식이 아니었어요. 직원분에게 정중하게 음식을 바꿔달라고 말했을 때, 그분께서 굉장히 무례하고 무시하는 듯한 태도로 저희를 대하시더라고요. **3** We were very disappointed in how the customer service was at the restaurant 그리고 느꼈어요. **4** this situation could have been handled differently. 이에 대한 책임자의 답변을 듣고 싶습니다. 그리고 **5** I hope this does not happen again to anyone else.

고맙습니다.

라일리 한

| WORDS |

receive 받다
rude 무례한
hear back from+사람 ~로 부터 다시 연락 오다

expect 기대하다
treat 대우하다

exchange 교환하다
disrespect 무례, 결례

뉴요커 다희 씨가 항공회사 직원과 전화로 대화를 나누고 있습니다. 어떤 대화를 나누는지 살펴볼까요?

❓ 영어로 어떻게 말할까요?

1 **제가 오늘 아침에 보스턴에서 오는 뉴욕행 비행기를 탔는데요.**
힌트 fly

2 **제가 사실 정말 중요한 구직 면접을 못 가고 말았어요.**
힌트 end up

3 **이걸 보상하기 위해 항공사에서 어떤 걸 할 수 있는지 궁금합니다.**
힌트 wonder

4 **고객님께 바로 도움을 줄 수 있도록 해당 부서에 내용을 전달했습니다.**
힌트 transfer, immediately

5 **이걸 보상하기 위해 항공사에서 어떤 걸 할 수 있는지 궁금합니다.**
힌트 would

6 **저희가 도와드릴 일이 또 있을까요?**
힌트 assist

궁금증 해결은
다음 페이지에서 ❗

CORE SENTENCES

영어 표현에 관한 궁금증을 해결해 볼까요?

1

제가 오늘 아침에 보스턴에서 오는 뉴욕행 비행기를 탔는데요.

I flew with your airline this morning from Boston to New York.

---

flew는 **fly**의 과거형으로 '~비행기를 타고 갔다'라는 의미입니다. 여기서는 **flew**만 써도 비행기를 타고 갔다는 것을 나타낼 수 있지만 **flew with your airline**으로 '당신 회사의 비행기를 타고 갔다'는 것을 확실히 말하고 있어요.

 추가 표현

이메일을 쓸 때 항상 제목을 간결하게 쓰는 것이 중요합니다. 예시를 통해 살펴볼게요.

Compensation claim for flight delay
항공편 운행 취소로 발생한 피해 보상 문의

Compensation claim for flight cancellation
항공편 취소로 발생한 피해 보상 문의

from A to B는 'A에서부터 B까지'라는 의미입니다. 어느 한 장소에서 다른 장소로 이동할 때 쓸 수 있습니다.

I want to reserve a flight from Incheon to New York.
인천에서 뉴욕으로 가는 비행기를 예약하고 싶어요.

2

제가 사실 정말 중요한 구직 면접을 못 가고 말았어요.

I actually ended up missing my really important job interview.

---

ended up -ing는 '결국 ~하게 되다, ~하고 말았다'라는 뜻이에요. 어떤 일이 다른 결과에 영향을 미쳤다는 것인데요. **ended up missing**은 비행기 운항 지연때문에 결국에는 중요한 면접을 보지 못했다라는 상황을 나타내고 있어요.

You'll end up crying when you hear the story.
그 얘기를 들으면 당신은 울고 말 거예요.

CORE SENTENCES

3

이걸 보상하기 위해 항공사에서 어떤 걸 할 수 있는지 궁금합니다

I was wondering what you guys could do to reimburse me.

I was wondering은 '~인지 궁금합니다'라는 의미예요. 현재 말하고 있지만 과거시제를 사용하는 게 맞고요. **you guys**는 **your airline** 즉, 당신이 일하는 항공사를 말하는데요 **guys**는 빼고 **what you could do**만 써서 귀사에서 무엇을 해 줄 수 있는지라고 해도 됩니다.

I was wondering what happened to you.
당신에게 무슨 일이 일어났는지 궁금합니다.

reimburse는 '보상하다'라는 의미예요. 돈을 잃거나 쓴 사람에게 다시 보상을 해주는 것을 말해요.

How do I get reimbursed for travel funds?
출장비 환급 받으려면 어떻게 해요?

4

고객님께 바로 도움을 줄 수 있도록 해당 부서에 내용을 전달했습니다.

I transferred your case to the right department that can help you immediately.

transfer A to B는 'A를 B에 전달하다'는 뜻입니다. 따라서 **transferred your case to**는 '고객님의 상황을 ~에 전달했습니다'라는 의미예요.

He transferred your complaint to them.
그는 귀하의 불만을 그들한테 전송했어요.

to the right department는 '해당 부서에'라는 의미인데요. 여기서 **right**는 '알맞은', 즉 '해당 부서'라는 뜻이에요. **that can help you immediately**는 '고객님을 바로 도울 수 있는'이라는 뜻으로 앞에 나오는 **department**를 꾸며주고 있어요. 이렇게 명사를 꾸며주는 절을 관계대명사절이라고 해요.

5

이 점 괜찮으세요?

Would that be fine?

Would that be fine?은 '이 점 괜찮으세요?'라는 의미인데요. 허가를 구하는 표현으로 상대방이 허락할지 확실하지 않아서 물어볼 때 쓸 수 있어요. 어떤 계획을 얘기하고 마지막에 허가를 구할 때 씁니다. 이 대신에 Would that be OK with you?라고 할 수도 있어요.

Would that be fine?
=Would that be OK with you?

6

저희가 도와드릴 일이 또 있을까요?

Is there anything else we can assist you with?

Is there anything else ~? 패턴은 '또 다른 사항이 있나요?'라는 의미인데요. 이 표현은 음식점 같은 곳에서도 자주 들을 수 있는 표현이에요. 주문을 하고 나면 마지막에 항상 (Is there) anything else?라고 질문을 받게 됩니다. Is there는 생략할 수 있습니다.

(Is there) anything else _____?

> **I need to do** 제가 해야 할 것
> **I can do for you** 제가 당신을 위해 할 수 있는 것
> **We are missing** 우리가 빠트린 것

we can assist you with는 anything else를 꾸며서 '우리가 도와줄 다른 일은 없나요?'라는 의미입니다.

I would be very happy to assist you with that.
제가 그 일을 도와드리게 되어서 기쁩니다.

뉴요커 다희 씨가 항공사 직원과 나누는 전화 대화 내용입니다. 앞에서 배웠던 표현을 확인해 보세요!

Staff	Hi, my name is Emma. How may I help you?
Dahee	Hi, Umm, **1** 제가 오늘 아침에 보스턴에서 오는 뉴욕행 비행기를 탔는데요. And your flight ended up being delayed like 5 times. So I ended up taking the morning flight back to New York. **2** 제가 사실 정말 중요한 구직 면접을 못 가고 말았어요. And **3** 이걸 보상하기 위해 항공사에서 어떤 걸 할 수 있는지 궁금합니다. or fix the problem that I had to face.
Staff	Oh. We're terribly sorry for this inconvenience. And I understand your frustration. May I have your name, email address, flight number and itinerary number, please?
Dahee	Yeah, my name is Riley Han, the flight number was XXXXXX and itinerary number was XXX-XXX-XXXXX.
Staff	Thank you for the information, and please hold. I'll be with you in just a moment.
Dahee	OK.
Staff	OK, Miss Han. **4** 고객님께 바로 도움을 줄 수 있도록 해당 부서에 내용을 전달했습니다. They'll contact you within 30 minutes. If you're not available for the phone call, we'll send you an email and in regard to your case, **5** 이 점 괜찮으세요?
Dahee	Yes, that's fine.
Staff	All right. **6** 저희가 도와드릴 일이 또 있을까요?
Dahee	No, it's fine.
Staff	OK, thank you for calling XXXXX Airline, have a great day.
Dahee	Thanks. Bye.

직원	안녕하세요, 엠마입니다. 무엇을 도와드릴까요?
다희	안녕하세요, 음, **1** I flew with your airline this morning from Boston to New York. 비행기가 5번이나 지연됐어요. 그래서 저는 결국 아침 비행기로 뉴욕에 돌아오게 됐어요. **2** I actually ended up missing my really important job interview. 그리고 **3** I was wondering what you guys could do to reimburse me. 아니면 제게 생긴 문제를 해결할 수 있게요.
직원	아. 불편을 끼쳐드려 정말 죄송합니다. 고객님의 불만을 이해합니다. 고객님의 성함, 이메일 주소, 비행편과 운행 번호를 알 수 있을까요?

다희   네, 이름은 라일리 한이고요, 항공편은 XXXXXX, 운행 번호는 XXX-XXX-XXXXX이에요.

직원   정보 감사합니다, 잠시 기다려주세요. 잠시 후에 다시 안내해 드리겠습니다.

다희   알겠습니다.

직원   여보세요, 라일리 고객님. **4** I transferred your case to the right department that can help you immediately. 그쪽에서 30분 이내에 고객님께 연락드릴 거예요. 만약 통화가 안 되면, 고객님 경우에 관한 내용을 메일로 보내드리겠습니다, **5** would that be fine?

다희   네, 괜찮아요.

직원   알겠습니다. **6** Is there anything else we can assist you with?

다희   네, 없습니다.

직원   네, XXXXX 항공을 이용해 주셔서 감사합니다. 좋은 하루 보내세요.

다희   고마워요. 끊을게요.

| WORDS |

be delayed 연체되다, 늦어지다   fix the problem 문제를 해결하다   itinerary number 여행 번호 일정
in regard to ~에 대한

25

매표소 위치 물어볼 때
– 허드슨 베슬

뉴요커 다희 씨가 허드슨 베슬을 방문하고 있습니다. 그곳에서 만난 관광객들과 어떤 대화를 나누는지 살펴볼까요?

[?] 영어로 어떻게 말할까요?

1 베셀 티켓은 어디서 살 수 있나요?

(힌트) buy

2 티켓이 무료인지 아닌지 아세요?

(힌트) free

3 안목이 없어서요.

(힌트) keen, eye

궁금증 해결은 다음 페이지에서 [!]

AMERICAN CULTURE

뉴욕의 에펠탑, 허드슨 베셀(Hudson Vessel)

베셀은 벌집 모양으로 2500개 계단으로 이루어진 15층의 높이로 타원형의 조형물입니다. 사과 같기도 하고 벌집 모양 같기도 한데 vessel에는 식물의 물관이라는 뜻도 있어요. 뉴욕의 유명한 건축물 중 하나로 각 층마다 전망이 다른 게 특징이에요. 인터넷으로 시간 예약을 하고 티켓 번호를 받아 가면 들어갈 수 있습니다.

CORE SENTENCES

영어 표현에 관한 궁금증을 해결해 볼까요?

1

베셀 티켓은 어디서 살 수 있나요?

Do you know where to buy tickets for the Vessel?

Do you know where to ~? 패턴은 '어디에서 ~하는지 아시나요?'라는 뜻으로 다양한 상황에서 쓸 수 있어요. **for the Vessel**은 '베셀 건물에 들어가기 위한'이라는 의미입니다.

Do you know where to _____?

　　　　　　purchase my subway ticket 전철표를 사다
　　　　　　search for lost items 분실물을 찾다
　　　　　　change money 돈을 바꾸다

2

티켓이 무료인지 아닌지 아세요?

Do you know if it's free?

'**Do you know if ~?**' 패턴은 '당신은 ~인지 아나요?'라는 의미입니다.

Do you know if _____?

　　　　　　she is at the office 그녀가 사무실에 있다
　　　　　　he has left yet 그가 벌써 떠났다

free는 '무료'라는 의미인데요. 이와 비슷한 표현으로 **free of charge** 또는 **for free**가 있는데요. **free**나 **free of charge**는 비슷한 뜻인데 좀더 뜻을 명확하게 할 때 **free of charge**를 씁니다. 비슷한 뜻인 **for free**는 구어체에서 캐주얼하게 사용하지만 **writing**에서는 잘 쓰지 않아요.

Is it free?
= Is it free of charge?
= Is it for free? (informal)
무료인가요?

3

안목이 없어서요.

I don't have a keen eye for that.

have an eye for는 '~에 대한 감각이 뛰어나시네요'라는 의미입니다. 또, **keen**은 '예리한, 날카로운'이라는 뜻이에요. 따라서 **have a keen eye for**는 '~에 대한 감각이 아주 뛰어나시네요'라는 뜻입니다.

You have an eye for _____.

> **art** 예술
> **detail** 세부적인 것
> **furniture** 가구

하지만 여기서는 **don't**이 붙어서 **I don't have a keen eye for~**는 '~에 안목이 없다'는 뜻으로 쓰였어요.

I don't have a keen eye for _____.

> **fashion** 패션
> **artistic detail** 예술적인 디테일
> **beauty** 미

 추가 표현

have는 이와 비슷한 형태로 신체의 부분과 쓰여 특정 의미를 나타내요.

have a nose for는 '~을 찾아내는 능력이 있다'라는 의미입니다.
The reporter can have a nose for a good story.
그 기자는 좋은 기사거리를 잘 찾아내요.

have an ear for는 '~에 대한 조예가 있다'라는 의미입니다.
You have an ear for music. 음악에 대한 조예가 깊으시군요.

have a head for는 '~에 능하다'라는 의미입니다.
She has a head for science. 그녀는 과학적인 재능이 있어요.

뉴요커 다희 씨가 허드슨 베셀에서 관광객들과 나누는 대화 내용입니다. 앞에서 배웠던 표현을 확인해 보세요!

(female = f, male = m)

Dahee   Excuse me, **1** 베셀 티켓은 어디서 살 수 있나요?

Passer-by (f)   We bought it online...

Dahee   Online? **2** 티켓이 무료인지 아닌지 아세요?

Passer-by (f)   It's free.

Dahee   It is? OK.

Passer-by (f)   Do you want our tickets?

Dahee   Oh, no. I'll buy it. I'll get it myself.

Passer-by (f)   We got it free, we are done. Entry is 3:20.

Passer-by (m)   But they did scan ours, though.

Passer-by (f)   Oh, yeah. They did scan ours. OK.

Dahee   I think, I have to. Thank you so much.

(in the vessel)

Dahee   I think looking at cool architecture is very fascinating because I'm not... **3** 안목이 없어서요. So I love coming to cool, like, new unique buildings that have creative architecture designs.

다희   실례합니다, **1** Do you know where to buy tickets for the Vessel?

행인(여자)   저희는 온라인으로 사서…

다희   온라인이요? **2** Do you know if it's free?

행인(여자)   무료예요.

다희   그래요? 네.

행인(여자)   저희 티켓을 드릴까요?

다희   아, 아니요. 제가 살 거예요.

행인(여자)   무료인데 저희는 다 봐서요. 3시 20분에 입장했어요.

행인(남자)   우리 이미 찍고 나왔잖아.

행인(여자)   아, 그러네. 찍고 나왔지.

다희   제가 사야할 것 같아요. 정말 감사합니다.

(베셀 안에서)

다희　멋진 건축물을 보는 건 정말 매력적인 것 같아요 왜냐면 제가… (건축물을 보는) **3** I don't have a keen eye for that. 그래서 제가 이런 데 오는 걸 좋아해요, 새롭고 기발한 건축 디자인으로 된 멋지고 독특한 건물이에요.

|WORDS|

free (of charge) 무료로　　　　entry 입장　　　　look at ~을 보다
architecture 건축물　　　　fascinating 환상적인　　　　unique 독특한
creative 창의적인

26

고층 빌딩 풍경 묘사할 때

뉴요커 다희 씨가 허드슨 베슬에 방문하여 관람을 하고 있습니다. 다희 씨가 무엇을 보고 어떻게 느꼈는지 살펴볼까요?

? 영어로 어떻게 말할까요?

1 숨이 막힐 지경이네요.
힌트 breathtaking

2 가까이 살면 더 자주 오고 싶어요.
힌트 come, closer

3 경치를 즐기러 계속 올라가겠습니다.
힌트 keep, view

4 이제 반쯤 올라온 것 같아요.
힌트 reach, mid-level

5 저 계단을 올라왔더니 조금 피곤해요.
힌트 tired, climb

6 잠시 후에 내려가야겠어요.
힌트 head, bit

궁금증 해결은
다음 페이지에서 !

CORE SENTENCES

영어 표현에 관한 궁금증을 해결해 볼까요?

1

숨이 막힐 지경이네요.

It's breathtaking.

breathtaking은 '숨이 멎는'이라는 뜻이에요. **take my breath away**를 형용사로 만든 말인데요. 숨이 막힐 만큼 경탄할 만한 것에 씁니다. 이와 비슷한 말로 **stunning**이 있어요. 주어+**is breathtaking.** 하면 '~이 기가 막히다'라는 의미입니다. **magnificent**도 비슷한 뜻인데요 대자연의 웅장함을 표현할 때 쓰면 어울립니다.

_____ **is breathtaking[stunning].**

The scenery 경치

The performance 공연

The Grand Canyon is really magnificent.

그랜드 캐년은 정말 웅장해요.

2

가까이 살면 더 자주 오고 싶어요.

I'd love to come here more often
if I lived closer.

'가까이 살면'은 if 가정법 과거로 표현할 수 있어요. 가정법 과거는 현재 사실에 반대되는 가정을 표현할 수 있는데요. **if I lived closer**는 '더 가까이 살면'이라는 뜻인데 결국 현재에는 그렇지 않은 일을 가정해서 말하는 거예요.

If I were free today, I would visit my friends.

내가 오늘 시간이 있으면 친구들 중 한 명을 찾아갔을 텐데.

If I knew his name, I would tell you.

내가 그의 이름을 안다면 너에게 말해 줄텐데. (지금 그의 이름을 모른다는 얘기)

3

경치를 즐기러 계속 올라가겠습니다.

I think I'm gonna keep going up to enjoy the view.

be gonna는 be going to의 구어체로 '~일 것이다'는 미래를 나타내요.

Everything's gonna be all right. 다 괜찮을 거예요.

keep going up은 '계속 올라가다'는 의미예요. keep -ing는 어떤 동작을 계속 하거나 반복적으로 여러 번 하는 느낌이 있어요.

Keep walking all the way down there. 저쪽으로 쭉 걸어 내려 가세요.

to enjoy the view는 '경치를 보러 (즐기러) 가기 위해서'라는 목적을 나타내는 to부정사예요.

I came to New York to visit some bookstores. 몇몇 서점에 가려고 뉴욕에 왔어요.

4

이제 반쯤 올라온 것 같아요.

I think I reached about the mid-level of the Vessel.

reach는 '~에 도달하다'라는 의미입니다. 일상생활회화에서는 reach보다는 구동사 get to를 더 많이 씁니다. level은 '수준'이라는 의미로 많이 알고 있는데요. 어떤 것의 '지면' 혹은 이전 위치와 관련한 '높이'라는 뜻도 있어요. 그래서 about the mid-level of는 '~의 중간쯤'이라는 뜻으로 베셀의 중간쯤 올라왔다는 의미입니다.

I reached the summit at 6:33 a.m.
나는 새벽 6시 33분에 정상에 도달했다.

We have enough time to get to the airport.
우리는 공항에 도착하기까지 시간이 충분하다.

5

저 계단을 올라왔더니 조금 피곤해요.

I'm a little bit tired from climbing all those stairs.

be tired from은 어떤 일을 힘들게 오래 했기 때문에 지쳐서 피곤함을 느끼는 상태를 말합니다. 따라서 **I'm a little bit tired from**은 '~때문에 지치네요[피곤해요]'라는 의미 입니다.

I was tired from walking all morning.
나는 오전 내내 걸어서 피곤했어요.

➕추가표현

이와 비슷한 **be tired of**는 형태는 비슷하지만 어떤 일이 싫증나거나 지루해진 상태를 나타냅니다.
I am tired of eating at the school cafeteria.
나는 학교 급식을 먹는데 싫증이 나요.

6

잠시 후에 내려가야겠어요.

I think I'm gonna head down in a little bit.

I think I'm gonna는 '나 ~할 거 같아'라는 뜻으로 **I'm gonna**의 '나 ~할 거야' 보다는 뜻이 조금 약해지는 느낌이 있어요. **head down**은 '고개를 아래로 하다'라는 뜻도 있지만, 여기서 **head**는 '~로 향하다', **down**은 '아래로'를 의미해요. 그래서 **head down**은 '내려가다'라는 뜻이 돼요. 이와 비슷한 표현으로 **go down**도 있어요. **in a little bit**은 '잠시 후에'라는 뜻입니다.

I'll head down.
제가 내려갈게요.

뉴요커 다희 씨가 허드슨 베슬에서 고층 빌딩 풍경을 묘사하는 내용입니다. 앞에서 배웠던 표현을 확인해 보세요!

Dahee You can see the entire, not the entire but… Hudson river, the roads, the building, the High Lines. The weather is so nice that you can… Oh, it's perfect! **1** 숨이 막힐 지경이네요. **2** 가까이 살면 더 자주 오고 싶어요. I think it's just like a good getaway place if you are living in the city. And you want to get away from all the hectic area, or area and the environment. Amazing. So creative, right? OK, so **3** 경치를 즐기러 계속 올라가겠습니다. See what's left in store.

(after a while)

Dahee **4** 이제 반쯤 올라온 것 같아요. Honestly, the view is absolutely breathtaking, and it gets better as you go towards the top. But **5** 근데 저 계단을 올라왔더니 조금 피곤해요. **6** 잠시 후에 내려가야겠어요. But, I highly, highly recommend coming here with friends, boyfriend, girlfriend, and family, and honestly spending time and looking at the beautiful architecture.

다희 도심 전체가 보여요, 물론 전체는 아니지만… 허드슨강, 도로, 건물, 하이라인까지. 날씨도 너무 좋아서… 정말 완벽해요! **1** It's breathtaking. **2** I'd love to come here more often if I lived closer. 도심에 살면 한숨 돌리기 딱 좋은 장소인 것 같아요. 정신없이 바쁜 곳에서 벗어나고 싶을 때요, 그런 (복잡한) 곳이나 환경에서요. 놀랍네요. 정말 기발하지 않으세요? 자, **3** I think I'm gonna keep going up to enjoy the view. 뭐가 남았는지 보죠.

(잠시 후)

다희 **4** I think I reached about the mid-level of the Vessel. 솔직히 경치가 정말이지 숨이 멎을 것 같아요. 꼭대기로 올라가면서 경치가 점점 더 환상적이에요. **5** I'm a little bit tired from climbing all those stairs. **6** I think I'm gonna head down in a little bit. 그래도, 꼭 와 보시는 걸 추천해 드려요. 친구들이나, 애인, 가족들과 함께요, 와서 시간도 보내고, 아름다운 건축물도 감상하면서요.

| WORDS |

entire 전체의
absolutely 완전히

getaway 휴가지
highly 대단히, 크게, 매우

hectic 정신없이 바쁜

27 ▶ 식당 예약 전화할 때

뉴요커 다희 씨가 식당에 전화해서 직원과 대화를 나누고 있습니다. 어떤 대화를 나누는지 살펴볼까요?

? 영어로 어떻게 말할까요?

1 인원은요?
힌트 how

2 12시쯤이요. 괜찮을까요?
힌트 around

3 11시 30분으로 할게요.
힌트 take

4 자리나 구역을 제가 선택할 수 있나요?
힌트 way, choose

5 창가 자리면 될 것 같아요.
힌트 anywhere

6 5월 12일 11시 반에 4명 예약입니다.
힌트 party, on

궁금증 해결은
다음 페이지에서 !

CORE SENTENCES

영어 표현에 관한 궁금증을 해결해 볼까요?

1

인원은요?

For how many people?

For how many people?은 '몇 분이세요'라는 의미로 인원을 물을 때 쓸 수 있는 표현이에요. 줄여서 **How many?** 하고 묻기도 합니다.

이에 대한 대답으로 아직 인원이 정해져 있지 않은 경우 **about**을 써서 **for about 4 to 5 people**로 말하면 됩니다. **about**은 정확한 숫자가 아닐 때 '약 ~'라는 뜻으로 쓸 수 있어요.

(**+** 추가 표현)

'한 사람'일 때 **Just one person** 혹은 **Just myself**라고 할 수 있습니다. 여러 명일 때는 '**a party of**＋인원수'를 써서 표현할 수 있어요. 또한 **a party of people**은 '한 그룹의 사람들'이라는 뜻입니다.

Just one person.

= Just myself.

혼자예요.

We are a party of four. 우리는 3명이에요.

2

12시쯤이요. 괜찮을까요?

Around noon. Is that OK?

What time? (몇 시)라는 질문에 대답할 때 쓸 수 있는 표현이에요. **noon**은 '낮 12시'라는 뜻이에요. 그래서 **around noon**은 '12시쯤'이라는 의미입니다.

I should be there by noon.

나는 12시까지 거기 가야 해요.

(**+** 추가 표현)

본문 대화문에서 **What time?**이라고 묻고 있는데요. 이 다음에 **is good for you?**가 생략되었다고 볼 수 있어요. 이와 비슷한 표현으로 **What time works best for you?**도 있어요.

3

11시 30분으로 할게요.
I'll take 11:30.

take는 '받아들이다, 받다'라는 의미로 **I'll take 11:30.**은 '11시 30분으로 예약을 하겠다'라는 뜻입니다.

If they offer her the position, she'll take it.
그들이 그 자리를 제안하면 그녀는 받아들일 거예요.

4

자리나 구역을 제가 선택할 수 있나요?
Is there a way I could choose like seats or anything like an area in the restaurant?

Is there a way는 '~할 방법이 있나요?'라는 뜻입니다.

Is there a way to do that?
그렇게 할 수 있는 방법이 있나요?

could는 '~할 수 있다'라는 의미로 가능성이 있음을 나타낼 때 씁니다. **I could choose**는 '내가 선택할 수 있는'이라는 의미로 **a way**를 꾸며 **a way I could choose**하면 '내가 선택할 수 있는 방법'이라는 의미입니다.

I could never understand why she was angry.
그녀가 왜 화를 내는지 나는 절대 이해할 수 없었어요.

like는 전치사로 '~와 같은'이라는 뜻으로 **like an area** 하면 '구역 같은'이라는 의미입니다.

창가 자리면 될 것 같아요.

Just anywhere by a window?

anywhere는 '어디든'이라는 의미로 just anywhere by the window라고 하면 창가 자리면 어디든 괜찮다는 의미입니다. by 대신에 near를 쓰면 창가와 가까운 자리라는 뜻이 됩니다.

Just anywhere near a window.
창가 가까운 자리로요.

 추가 표현

원하는 자리를 구체적으로 요청할 때는 다음과 같은 표현을 쓸 수 있습니다.
Can we sit by the window, please?
= Can we have a table by the window?
창가 자리로 앉을 수 있나요?

6

5월 12일 11시 반에 4명 예약입니다.

You have a party of four at 11:30 on May 12.

'a party of+인원수'는 '일행이 몇 명'이라는 의미로 have a party of four 하면 '일행이 4명이 있다'는 의미입니다.

We have a party of three all altogether.
우리는 일행이 3명이에요.

뉴요커 다희 씨가 식당에 전화해서 직원과 대화를 나누고 있습니다. 앞에서 배웠던 표현을 확인해 보세요!

Staff	Hello?
Dahee	Hi. I was wanting to make a reservation.
Staff	For what date?
Dahee	May 12th.
Staff	**1** 인원은요?
Dahee	For about... 4~5 people?
Staff	Umm, what time?
Dahee	**2** 12시쯤이요. 괜찮을까요?
Staff	I don't have for five, I don't have anything at noon. I can do it early in the morning. I could do 9:45. Then my next available is 3:15 and then for 4. For 4, I can do 11:30.
Dahee	11:30 is your, I guess, closest time to noon?
Staff	Yes.
Dahee	OK, then **3** 11시 30분으로 할게요. **4** 자리나 구역을 제가 선택할 수 있나요?
Staff	We can jot down your preference, but we can't guarantee that we will have it.
Dahee	**5** 창가 자리면 될 것 같아요.
Staff	OK, Umm. What's your phone number?
Dahee	417-849-XXXX.
Staff	First name?
Dahee	Riley.
Staff	What was it?
Dahee	Riley.
Staff	Riley... And last name?
Dahee	Han, H, A, N.
Staff	OK, and you said window?
Dahee	Yes, please.
Staff	No Problem. So, **6** 5월 12일 11시 반에 4명 예약입니다.
Dahee	OK. Thanks.
Staff	No Problem. See you then.

직원	여보세요?
다희	안녕하세요. 예약을 좀 하고 싶은데요.
직원	날짜는요?
다희	5월 12일이요.
직원	**1** For how many people?
다희	네다섯 명 정도요?
직원	음, 몇 시인가요?
다희	**2** Around noon. Is that OK?
직원	다섯 명 자리는 없네요, 12시에는 자리가 전혀 없습니다. 아침 일찍은 괜찮은데요. 9시 45분이 가능해요. 그 다음은 3시 15분이 가능하고요, 4명은, 4명 자리는, 11시 30분이 가능합니다.
다희	11시 30분이 아마 12시에 가장 가까운 시간이겠네요?
직원	네.
다희	그럼 **3** I'll take 11:30. **4** Is there a way I could choose like seats or anything like an area in the restaurant?
직원	원하시는 좌석을 적어둘 수는 있지만 저희가 장담은 못 해 드려요.
다희	**5** Just anywhere by a window?
직원	알겠습니다, 음. 전화번호 알려주시겠어요?
다희	417-849-XXXX.
직원	성함은요?
다희	라일리요.
직원	뭐라고 하셨죠?
다희	라일리.
직원	라일리… 성은요?
다희	한, H, A, N.
직원	네, 창가라고 하셨죠?
다희	네, 맞아요.
직원	가능합니다. 그렇게 해서 **6** you have a party of four at 11:30 on May 12.
다희	네. 감사합니다.
직원	네. 그때 뵙겠습니다.

| WORDS |

noon 12시, 정오   available 가능한   jot down 쓰다, 메모하다
preference 선호 하는 것   guarantee 확실하다

28 ▶ 숙소 문의 전화할 때 1

뉴요커 다희 씨가 전화로 호텔 직원과 대화를 나누고 있습니다. 어떤 대화를 나누는지 살펴볼까요?

❓ 영어로 어떻게 말할까요?

1 무엇을 도와드릴까요?

힌트 can, do

2 출장을 갈 예정인데요.

힌트 plan, trip

3 알고 싶은 게 어떤 건지 말해주세요.

힌트 need, know

4 거기서 하룻밤 숙박할 예정이고요.

힌트 stay, a night

5 손님 예약을 도와 드릴 수 있어 기쁘네요.

힌트 pleasure, to

궁금증 해결은
다음 페이지에서 ❗

AMERICAN CULTURE

미국 호텔 예약할 때 확인해야 할 것들

미국 호텔을 예약할 때 예약사이트에서 편하게 예약을 할 수 있는데요. 미국 호텔의 경우 호텔 내의 시설을 이용하는 데 리조트 비용(resort fee)이라는 것을 금액에 추가하기도 해요. 주차비를 받는 다든지 와이파이 비용을 받는 경우도 있어요. 또 호텔에 체크인할 때 디파짓(deposit)의 비용을 내는데요. 만약의 경우를 대비해서 미리 돈을 받아두는 거예요. 물론 나중에 돌려받기를 하지만 비용이 제대로 들어왔는지 보려면 잘 체크하셔야 합니다.

CORE SENTENCES

영어 표현에 관한 궁금증을 해결해 볼까요?

 1

무엇을 도와드릴까요?
What can I do for you today?

상점이나 식당 등에서 직원이 고객을 맞이할 때 사용하는 표현이에요. 이와 비슷한 표현으로 **Can I help you[May I help you]?**도 있어요.

➕ 추가 표현

비즈니스에서 전화로 자기소개를 할 때는 **I am**이 아닌 **This is**＋이름＋**speaking.**을 사용해요. 이름만 말하는 것은 안되고 **speaking**도 꼭 넣어주어야 합니다.

Hello. This is Anne speaking.
앤이라고 합니다.

 2

출장을 갈 예정인데요.
I'm planning on taking a business trip.

---

be planning on -ing는 '~을 계획 중이다'라는 뜻이에요. **business trip**이 '출장'이고, '출장을 가다'는 **take a business trip**이라고 하면 됩니다.

She is going to take a business trip for a month.
그녀는 한 달 동안 출장을 갈 예정이에요.

 3

알고 싶은 게 어떤 건지 말해주세요.
Tell me, what do you need to know?

Tell me는 '말해 주세요'라는 뜻으로 보통 의문문 앞에 쓰입니다. **Please tell me** 하고 앞에 **Please**를 붙이면 조금 더 공손한 표현이 됩니다. **What do you need to know?**는 '무엇을 알아야 하는지?'라는 의미입니다.

Tell me, how your business trip was.
출장은 어땠는지 얘기 해주세요.

4

거기서 하룻밤 숙박할 예정이고요.

I'm planning on staying there just for a night.

I'm planning on staying there은 거기서 묵을 예정이라는 뜻입니다. 하루를 숙박한다고 할 때는 just one day를 쓰지 않고 just for a night으로 표현해야 맞습니다.

We'll ask for a place to sleep just for a night.
우리는 하룻밤만 묵을 수 있도록 요청할 거예요.

5

손님 예약을 도와 드릴 수 있어 기쁘네요.

It'll be my pleasure to help you with your reservation.

It'll be my pleasure to ~는 '~을 하게 돼서 기쁘다'라는 의미예요. It'll be는 한 단어처럼 빠르게 발음하는게 좋아요. 그냥 축약하지 않고 It will be라고 해도 괜찮습니다.

It'll be my pleasure to _____.

> **meet you** 당신을 만나다
> **assist you** 당신을 돕다
> **introduce you** 당신을 소개하다

🎧 28. mp3

뉴요커 다희 씨가 호텔 직원과 대화 내용입니다. 앞에서 배웠던 표현을 확인해 보세요!

Receptionist	Good morning! Thank you so much for calling Hilton Garden Inn Islip. This is Gabi speaking. May I have your Hilton owner account number, please?
Dahee	Hi, I actually don't have an account number.
Receptionist	Oh, that's OK. May I know your name, please?
Dahee	Yes. My name is Riley.
Receptionist	Oh, Riley. It's a pleasure. **1** 무엇을 도와 드릴까요?
Dahee	Hi, I was wanting to just get some information on the hotel. **2** 출장을 갈 예정인데요. So I was wanting to make a reservation after finding out some more information about the hotel.
Receptionist	Sure, **3** 알고 싶은 게 어떤 건지 말해 주세요.
Dahee	**4** 거기서 하룻밤 숙박할 예정이고요. One night two days... on May 28th?
Receptionist	May 28th, excellent, just give me one more second. **5** 손님 예약을 도와 드릴 수 있어 기쁘네요. Just before that, please let me ask a couple of questions more.

상담원	안녕하세요! 힐튼 가든 인 아이슬립입니다. 저는 상담원 개비입니다. 회원 번호 말씀해 주시겠어요?
다희	안녕하세요, 저는 회원 번호는 없거든요.
상담원	아, 괜찮습니다. 성함을 말씀해 주시겠어요?
다희	네. 라일리예요.
상담원	라일리 씨군요. 반갑습니다. **1** What can I do for you today?
다희	호텔에 궁금한 게 있어서 문의하려고요. **2** I'm planning on taking a business trip. 그래서 예약을 하려고 하는데 궁금한 점들을 확인하려고요.
상담원	그럼요, **3** tell me, what do you need to know?
다희	**4** I'm planning on staying there just for a night, 1박 2일… 5월 28일예요.
상담원	5월 28일, 좋아요, 잠시만 기다려 주세요. **5** It'll be my pleasure to help you with your reservation. 그 전에 질문 몇 개 더 드릴게요.

|WORDS|

May I have ~? ~을 알려주시겠어요?
find out 알아내다
one more second 조금만 더 기다리세요

account number 고객 번호
one night two days 1박 2일
a couple of 두세 개의

It's pleasure. 괜찮습니다.
excellent 훌륭한

139

숙소 문의 전화할 때 2

뉴요커 다희 씨가 전화로 호텔 직원과 대화를 나누고 있습니다. 어떤 대화를 나누는지 살펴볼까요?

? 영어로 어떻게 말할까요?

1 가능한지 알아보겠습니다.
힌트 look, availability

2 어떤 게 좋으신가요?
힌트 better

3 확인하자면
힌트 clarify

4 호텔에 세탁 서비스가 있나요?
힌트 have, laundry

5 24시간 이용하실 수 있네요.
힌트 available, night, day

궁금증 해결은
다음 페이지에서 !

AMERICAN CULTURE

미국 호텔에 없는 것

미국 호텔은 우리나라와 다른 점이 몇 가지 있어요. 먼저 실내화가 없는 경우가 있어요. 샤워 후 신발을 신거나 맨발로 돌아다닐 게 아니라면 실내화를 미리 준비하는 게 좋아요. 또 샤워기가 벽에 딱 고정되고 있고 호스가 없는 경우가 있어요. 아침에 머리만 감고 싶어도 강제 샤워를 해야 하는 수도 있습니다. 또, 미국의 욕실은 우리나라 욕실과 달리 건식이라서 바닥에 배수구가 없어요. 물이 욕조 밖으로 튀지 않도록 샤워 커튼을 욕조 안으로 넣어야 해요. 커피 머신은 있지만 전기 포트가 없기 때문에 소형 전기 포트를 가져가는 것도 유용할 거예요.

CORE SENTENCES

영어 표현에 관한 궁금증을 해결해 볼까요?

1

가능한지 알아보겠습니다.
Let me look up availability this moment.

let me+동사원형은 '제가 ~해보겠습니다'라는 의미로 상대방에게 허락이나 동의를 구할 때 쓸 수 있는 표현이에요. 이와 비슷한 표현으로 **search for**가 있어요.

Let me see what happened.
무슨 일이 있는지 알아볼게요.

look up은 '찾아보다'라는 뜻이에요. 책이나 컴퓨터 등에서 정보를 찾을 때 쓸 수 있는 표현이에요. **availability**는 '(이용) 가능한 것'이라는 뜻으로 **look up availability**는 '이용이 가능한지 알아보겠다'라는 의미로 쓰였어요.

Why don't you look the word up in the dictionary?
사전에서 그 단어를 찾아보지 그래요?

I'll look up the bus times.
내가 버스 시간을 알아볼게요.

2

어떤 게 좋으신가요?
Which one is better for you, Miss?

Which one is better ~?는 '어느 것이 더 좋으세요?'라는 의미예요. 두 가지를 제시하고 어느 것을 더 선호하는지 물을 때 쓰는 표현이에요.

➕추가표현

영어에서는 여성과 남성, 기혼과 미혼을 부를 때 붙이는 호칭이 달라요. 한번 정리해 볼까요?

Miss 미혼 여성에게 쓰는 호칭 / **Mrs.** 기혼 여성에게 쓰는 호칭
Ms. 기혼인지 미혼인지 모를 때 쓸 수 있는 표현 / **Ma'am** 여성을 정중히 부르는 호칭
Mr. 남성에게 쓰는 호칭 / **Sir.** 남성을 정중히 부르는 호칭

3
확인하자면

Just to clarify

clarify는 분명하지 않거나 이해가 되지 않는 부분을 '확실히 하다'라는 의미입니다. 비즈니스 상황에서는 사소한 것들도 다시 확인하는 게 중요합니다. 따라서 그런 상황에서 **just to clarify**는 '확인하자면'이라는 뜻입니다. 이와 비슷한 표현으로 **just to be clear**가 있습니다.

Just to clarify, I was agreeing with you.
= Just to be clear, I was agreeing with you.
확실히 하자면, 저는 당신 의견에 동의하고 있었어요.

4
호텔에 세탁 서비스가 있나요?

Do you guys have any service with that for laundry?

이 표현은 호텔에 서비스가 있는지 물을 때 사용할 수 있어요. 하지만 이보다 더 간단히 **Do you have ~?**는 '~이 있나요?'라고 해도 됩니다.

Do you have _____ ?

> **a spa** 스파
> **meeting rooms** 회의실
> **a swimming pool** 수영장

5

24시간 이용하실 수 있네요.

It's available all night, all day, 24 hours, Miss.

available은 '이용이 가능한'이라는 의미예요. 여기서 it는 laundry service를 뜻하므로 세탁 서비스가 이용이 가능하다는 의미입니다.

There are no available rooms.
이용 가능한 객실이 없습니다.

all night, all day은 '밤낮으로, 온종일'이라는 뜻으로 24시간 계속되는 일에 쓸 수 있어요.

Some cafés stay open 24 hours.
어떤 카페는 24시간 영업해요.

 추가 표현

호텔 부대 시설을 이용할 때 자주 쓰는 표현에 대해 알아볼게요.

Does the room have Wi-Fi?
객실에서 와이파이 사용이 가능한가요?

What are business hours?
업무 시간이 어떻게 되나요?

Could I have a wakeup call at 7 a.m.?
7시에 모닝콜이 가능한가요?

뉴요커 다희 씨가 전화로 호텔 직원과 대화를 나누는 대화 내용입니다. 앞에서 배웠던 표현을 확인해 보세요!

Receptionist	How many rooms do you need? Just one?
Dahee	Just one.
Receptionist	Excellent! Just one adult in this room?
Dahee	Yes.
Receptionist	Excellent. **1** 가능한지 알아보겠습니다. One adult, one night from Tuesday May 28th to Wednesday May 29th. Yes, I have availability. Let me verify how much it will be. Are you looking for two queen beds or one king bed in the room? **2** 어떤 게 좋으신가요?
Dahee	Just one bed is fine.
Receptionist	One bed is fine. Thank you so much. Let me see... Well, I have one available that first room that I have... I have one king bed in non-smoking room and this one... with breakfast included, it's for $186 per night plus taxes and in this room, you have a microwave and mini fridge with some drinks and a snack in the room. And with breakfast included, it is for $186 plus taxes.
Dahee	**3** 확인하자면, you said $186 per night, and you said breakfast is included and microwave, right?
Receptionist	Yes, microwave and mini fridge and one king size bed, and some drinks and a snack in the room.
Dahee	OK. What about, like, washer and dryer? Or... **4** 호텔에 세탁 서비스가 있나요?
Receptionist	For laundry... let me see. Just give me one more second... Because I think, we don't have that one available. Just give me one more second.
Dahee	OK.
Receptionist	Well, we have a coin laundry and let me see... This one is open from 12 a.m. to... Oh! **5** 24시간 이용하실 수 있네요. It's a coin laundry.

| Dahee | OK, thank you so much for helping me with that. I'll actually call back in a little bit, if I just decide to make the reservation. |
| Receptionist | Sure. Have a wonderful day. Thank you so much for calling today. Bye-bye. |

상담원 방은 몇 개 필요하신가요? 한 개인가요?

다희 하나요.

상담원 좋습니다! 성인 한 명 묵으시는 거죠?

다희 네.

상담원 네. **1** Let me look up availability this moment. 성인 한 명에, 5월 28일 화요일부터 29일 수요일까지, 1박 2일… 네, 가능합니다. 숙박비 확인해 드리겠습니다. 퀸 베드 두 개를 찾으세요, 아니면 킹 베드 한 개를 찾으세요? **2** Which one is better for you, Miss?

다희 침대는 하나로 해주세요.

상담원 침대 1개로요. 고맙습니다. 잠시만 확인할게요… 네, 예약 가능한 방이 있네요. 금연실인 방이 하나 있는데 킹사이즈 침대가 하나 있고, 이 방은… 조식 포함해서 1박에 186달러이며 부가세는 별도예요, 그리고 방에 전자레인지와 미니 냉장고 그리고 음료와 스낵이 준비되어 있습니다. 조식 포함 가격 186달러, 부가세 별도입니다.

다희 **3** Just to clarify, 1박에 186달러라고 하셨고, 조식 포함에 전자레인지 있고요, 맞나요?

상담원 네, 전자레인지와 미니 냉장고가 있고요, 킹사이즈 베드 하나, 그리고 음료와 스낵이 구비되어 있습니다.

다희 네. 세탁기나 건조기는요? 아니면… **4** Do you guys have any service with that for laundry?

상담원 세탁이요… 잠시만요. 잠시만 기다려 주세요… 왜냐하면 제 생각에, 세탁 서비스가 없는 것 같아서요. 잠시 확인해 보겠습니다.

다희 알겠습니다.

상담원 음, 호텔에 코인 세탁실이 있고요, 잠시만요… 이 코인 세탁실은 자정에 열어서… **5** It's available all night, all day, 24 hours, Miss. 코인 세탁실입니다.

다희 네, 알려주셔서 감사합니다. 아, 제가 다시 전화드릴게요, 예약할지 결정하게 되면요.

상담원 네 알겠습니다. 좋은 하루 보내세요. 오늘 전화주셔서 감사합니다. 안녕히 계세요.

| WORDS |

be included 포함되다

뉴요커 다희 씨가 전화로 샌드위치 가게 직원과 대화를 나누고 있습니다. 어떤 대화를 나누는지 살펴볼까요?

[?] 영어로 어떻게 말할까요?

1 BLT 샌드위치 주문하려고요.
[힌트] get

2 토마토는 빼 주시겠어요?
[힌트] leave out

3 마요네즈는 많이 주시겠어요?
[힌트] extra mayo

4 주문하신 음식은 15분 후에 준비될 거예요.
[힌트] order, ready

5 만약 정오까지, 12시까지 준비 가능하시면, 가지러 갈게요.
[힌트] prepare, pick

궁금증 해결은 [!]
다음 페이지에서

CORE SENTENCES

영어 표현에 관한 궁금증을 해결해 볼까요?

---

1 BLT 샌드위치 주문하려고요.

Could I just get the BLT?

Could I get~?은 '~을 주문하려고요'라는 의미예요. 상점이나 카페, 식당 등에서 주문할 때 쓸 수 있는 표현이에요. **Can I**보다는 **Could I**가 더 공손한 표현입니다. **BLT**는 베이컨(**bacon**), 상추(**lettuce**), 토마토(**tomato**)를 넣은 샌드위치를 말합니다.

 추가표현

우리도 전화로 미리 주문을 하고 나중에 찾으러 가는 경우가 있지요? 시간도 절약되고 기다리지 않아도 돼서 이렇게 주문을 하면 편리하게 이용할 수 있습니다. 그럴 때 필요한 표현을 알아볼게요.

I'd like to make an order for pickup.
포장 주문 좀 하려고요.

I'm calling to make an order for pickup .
포장 주문하려고 전화했는데요.

---

2 토마토는 빼 주시겠어요?

Could you leave out the tomatoes?

Could you ~?는 요청이나 부탁을 할 때 쓸 수 있는 정중한 표현이에요. **leave out**은 '~을 빼다'라는 뜻입니다. 이와 비슷한 뜻으로 **hold**도 많이 씁니다. **tomato**는 '토마토'로 발음하지 않고 [터메이로우]로 발음합니다.

Could you hold the tomatoes? (polite)
토마토는 빼주실래요?

Without tomatoes, please. (casual)
토마토는 빼주세요.

3

마요네즈는 많이 주시겠어요?

Can I get extra mayo on it?

Can I get ~?은 '~해주시겠어요?'라는 의미로 요청할 때 쓸 수 있어요. 끝에 **please**를 붙이거나 **Could I get ~?**을 쓰면 좀더 정중하게 들립니다. **mayo**는 **mayonnaise**를 줄임말인데요, 좀 더 많은 마요네즈를 원한다면 **extra**를 써서 **extra mayo**라고 해요. **extra**대신에 **more**를 써도 됩니다. **sandwich**는 **d**가 묵음이므로 발음하지 않습니다.

Can I get extra lettuce, please? 양상추를 좀 더 많이 넣어주시겠어요?

4

주문하신 음식은 15분 후에 준비될 거예요.

Your order will be ready in 15 minutes.

will be ready는 '준비가 될 거예요'라는 의미입니다. **in 15 minutes**는 '15분 후에'라는 뜻으로 **in**은 시간의 경과를 나타냅니다.

When will it be ready? 언제 다 되나요?

5

만약 정오까지, 12시까지 준비 가능하시면, 가지러 갈게요.

If you could actually prepare it by around noon, 12 o'clock, I'll be there to pick it up.

If you could ~, I'll은 '~하면 …하겠다'는 의미로, 일어날 가능성이 있는 일을 가정할 때 쓸 수 있는 표현이에요.

If you could go with me, that would be amazing.
저랑 같이 가신다면 아주 좋을 것 같아요.

뉴요커 다희 씨가 전화로 샌드위치 가게 직원과 나누는 대화 내용입니다. 앞에서 배웠던 표현을 확인해 보세요!

Dahee	Hello?
Staff	Hello. This is XXX Sandwich.
Dahee	Hi, I was wanting to do a pick-up order.
Staff	OK.
Dahee	**1** BLT 샌드위치 주문하려고요.
Staff	BLT?
Dahee	Yes, but… **2** 토마토는 빼 주시겠어요? And **3** 마요네즈는 많이 주시겠어요?
Staff	So, classic BLT without tomato and extra mayo, right?
Dahee	Yes, please.
Staff	OK, **4** 주문하신 음식은 15분 후에 준비될 거예요.
Dahee	OK. **5** 만약 정오까지, 12시까지 준비 가능하시면, 가지러 갈게요.
Staff	OK. Sure.
Dahee	OK. Thank you. Ah, my name is Riley on the order.
Staff	OK, Riley.
Dahee	Thank you.
Staff	R-I-L-E-Y, right?
Dahee	Yes.
Staff	OK.
Dahee	Thank you. Bye.

다희	여보세요?
직원	네. XXX 샌드위치입니다.
다희	포장 주문 좀 하려고요.
직원	말씀하세요.
다희	**1** Could I just get the BLT?
직원	BLT요?
다희	네, 그런데… **2** Could you leave out the tomatoes? 그리고 **3** can I get extra mayo on it?
직원	그럼, 기본 BLT로 토마토 제외, 마요네즈 많이, 맞죠?
다희	네, 그럴게요.

직원 네, **4** your order will be ready in 15 minutes.

다희 네. **5** If you could actually prepare it by around noon, 12 o'clock, I'll be there to pick it up.

직원 네. 물론이죠.

다희 네. 고맙습니다. 아, 라일리 이름으로 주문할게요.

직원 네, 라일리요.

다희 고맙습니다.

직원 R-I-L-E-Y, 맞나요?

다희 네.

직원 알겠습니다.

다희 고맙습니다. 안녕히 계세요.

| WORDS |

pick-up order 픽업 오더(상품을 주문하고 직접 상품을 받으러 가는 주문)   **pick ... up** ~을 가지러 가다

31

원하는 머리 모양 설명할 때 1
– 커트

뉴요커 다희 씨가 미용실에서 직원과 대화를 나누고 있습니다. 어떤 대화를 나누는지 살펴볼까요?

? 영어로 어떻게 말할까요?

1 여기 가운 입으시고요. 힌트 robe, put

2 살짝, 조금만 다듬으려고요. 힌트 trim

3 마지막으로 머리 자른 후 얼마나 됐어요? 힌트 long, haircut

4 네, 좀 되셨네요. 힌트 while

5 얼마나 자를 생각이세요? 힌트 take

6 얼굴 라인을 따라 있는 긴 머리 층이요, 더 짧은 길이로는 말고요.
힌트 face framing

7 어느 정도 길이로 생각하시죠? 힌트 how, think

8 가장 짧은 길이가 어디까지 내려오길 원하세요?
힌트 shortest piece fall

9 가르마는 중간으로 하세요?
힌트 part, center

궁금증 해결은
다음 페이지에서 !

 **CORE SENTENCES**

영어 표현에 관한 궁금증을 해결해 볼까요?

---

1 여기 가운 입으시고요.
Here's a robe to put on.

미용실에 가면 머리를 하기 전에 '가운'을 주는데요. 이 '가운'이 영어라고 생각하시는 분도 많은 거 같아요. 하지만 미용실 가운은 **robe**라고 합니다. **Here's a robe.**는 '여기 가운이요'가 됩니다. **put on**은 '입다'라는 뜻이에요. **A robe to put on**은 '입으실 가운'이라는 의미로 **to put on**이 **robe**를 꾸미고 있어요.

 추가 표현

보통 미용실은 예약제로 운영되는 곳이 많아요. 예약할 때 다음과 같은 표현을 써요.
Could I make an appointment for a haircut on Sunday?
일요일에 커트 예약 가능할까요?

---

2 살짝, 조금만 다듬으려고요.
Slightly just, trimming, maybe a few inches.

trim은 '머리카락 끝부분을 다듬다'는 뜻이에요. **slightly**를 써서 '아주 조금만 다듬는다'는 의미를 나타내고 있어요. 미국에서는 길이 단위로 **inch**를 씁니다. **1 inch**는 **2.54cm**입니다.

I'd like a trim, please.
= Just a trim, please.
살짝 다듬어 주세요.

Could you trim myself ends?
끝에 상한 머리만 다듬어 주시겠어요?

3

마지막으로 머리 자른 후 얼마나 됐어요?

How long has it been since your last haircut?

미용실에 가면 항상 듣게 되는 질문인데요. **How long has it been since…?**는 '(머리를 한지) ~ 얼마나 됐어요?'라는 뜻입니다. 보통 **since**, '~이후로'라는 뜻으로 그때부터 지금까지 시간이 얼마나 됐는지 물어볼 때 씁니다.

How long has it been since we last got together?
마지막으로 모인 뒤 얼마나 됐죠?

좀 더 간단히 **when**을 써서 표현할 수도 있어요.

When was your last perm?
마지막으로 펌은 언제 하셨어요?

4

네, 좀 되셨네요.

OK, so it's been a while.

It's been a while.은 '꽤 됐어요.'라는 의미입니다. 친구를 오랜만에 만났을 때나 어떤 일을 한지 오래 되었을 때 다양한 상황에서 쓸 수 있어요.

It's been a while since we met.
우리 얼굴 본지 꽤 오래 되었네.

It's been a while since I saw her.
그녀를 본지 한참 되었어요.

5

얼마나 자를 생각이세요?

How much are you thinking of taking off?

How much are you thinking of ~? 형식은 '얼마나 ~할 생각이세요?'인지 물을 때 쓸 수 있어요.

How much are you thinking of _____**?**

> **spending on an advertisement**
> 광고에 돈을 쓰는 것
> **selling the cookies**
> 쿠키를 파는 것

take off는 '옷을 벗다' 혹은 '비행기가 이륙하다'라는 뜻으로 많이 알고 있을 텐데요. 또 **take off**는 '머리를 자르다'는 의미로 쓰이기도 해요.

6

얼굴 라인을 따라 있는 긴 머리 층이요, 더 짧은 길이로는 말고요.

I mean, I have like face framing, but I don't want any like shorter layers.

이 표현은 머리를 어떻게 자를지 구체적으로 설명하는 표현이에요. **face framing**은 얼굴 전체를 덮을 정도로 얼굴 라인을 따라 자르는 레이어컷을 말합니다. **get layer**를 써서 표현할 수도 있어요. **like**는 '좋아하다'라는 뜻이 아니라 여기서는 '~정도의, ~처럼'의 의미로 쓰였어요.

I'd like to get layer.
머리에 층을 내고 싶어요!

7

어느 정도 길이로 생각하시죠?

How much were you thinking?

how much는 '얼마만큼'이라는 뜻으로 여기서는 머리의 길이를 얼마만큼 자를 것인지를 뜻해요. 구체적으로 너무 짧게 자르지 말아달라고 할 때 **cut it short**를 써서 다음과 같이 표현할 수 있어요.

Don't cut it too short, please.
너무 짧게 자르지는 말아 주세요.

혹은 좀더 간단히 **radical**을 쓸 수 있는데요. **radical**은 '극단적'이라는 뜻으로 **nothing radical** 하면 너무 짧지 않게 해달라는 뜻이에요.

Nothing radical, please.
너무 확 자르는 건 말고요.

8

가장 짧은 길이가 어디까지 내려오길 원하세요?

Where would you want to see the shortest piece fall?

Where would you want to see?는 '~이 어디까지 보이기를 원하세요?'라는 뜻으로 서비스업종에 종사하는 직원이 공손하게 손님한테 묻는 표현입니다. 헤어디자이너는 **would**라는 말을 써서 공손히 손님의 의견을 묻고 있어요.

the shortest piece는 머리카락을 말하고요, **fall**은 '머리카락이 내려오다'라는 것을 뜻합니다.

➕ 추가 표현

머리 모양에 관련된 표현을 몇 가지 알아볼게요. 생머리(**straight hair**), 곱슬머리(**curly hair**), 땋은머리(**braided hair**), 똥머리(**bun**), 가지런히 잘라서 늘어뜨린 앞머리(**bangs hair**) 등이 있습니다.

CORE SENTENCES

9

가르마는 중간으로 하세요?

Do you part your hair in the center?

part는 '부분'이라는 명사로 많이 알고 있는데요. 동사로는 '가르마를 타다'라는 뜻이 있어요. **part one's hair**라고 하면 '가르마를 타다'라는 의미입니다. 여기서는 **part your hair in the center** 즉, '가르마를 중간으로 타다'라는 의미로 쓰였어요. 이 표현은 **in the middle**을 써도 같은 뜻이에요.

She parts her hair in the middle.
그녀는 가운데로 가르마를 탑니다.

➕추가표현

미용실에 관련된 추가표현을 살펴볼게요.

먼저 머리를 해주시는 분은 **barber** 또는 **hairdresser[hairstylist]**라고 하는데요. **barber**는 보통 짧은 머리를 자르는 미용사를 말하고요. **hairdresser**나 **hairstylist**는 머리도 자르고, 스타일링도 하는 미용사를 뜻해요. 그래서 미용실은 **hairsalon**, 이발소는 **barbershop**이라고 해요.

뉴요커 다희 씨가 미용실 직원과 나누는 대화 내용입니다. 앞에서 배웠던 표현을 확인해 보세요!

Dahee	Hi, I made an appointment.
Receptionist	What's your name?
Dahee	Dahee, for 12 o'clock.
Receptionist	For Rafael?
Dahee	What was that?
Receptionist	For Rafael?
Dahee	Yes.
Receptionist	OK, I'll let him know you're here, go ahead and take a seat.
Dahee	OK. Thank you. Hi, how are you?
Hair designer	How are you going? Welcome to Hairroin salon. Follow me this way. **1** 여기 가운 입으시고요.
Dahee	OK.
Hair designer	So, you wanted to get your hair cut today?
Dahee	**2** 살짝, 조금만 다듬으려고요.
Hair designer	**3** 마지막으로 머리 자른 후 얼마나 됐어요?
Dahee	November?
Hair designer	**4** 네, 좀 되셨네요. **5** And... 얼마나 자를 생각이세요?
Dahee	I want to keep it long, and keep my long layers I don't want anything. **6** 얼굴 라인을 따라 있는 긴 머리 층이요, 더 짧은 길이로는 말고요.
Hair designer	OK. **7** 그럼 어느 정도 길이로 생각하시죠?
Dahee	Maybe like an inch? Half an inch?
Hair designer	Maybe like... there?
Dahee	Too short.
Hair designer	Too short?
Dahee	Yeah. Like just, trimming.
Hair designer	OK. And as far as the layers framing your face, **8** 가장 짧은 길이가 어디까지 내려오길 원하세요? Because I see you have some bangs here.

Dahee	Yes, I'm trying to grow them out. So I don't want any bangs. But maybe like, here?
Hair designer	What if we start the first layer under your chin?
Dahee	OK.
Hair designer	And graduating? To face frame your face? **9** 가르마는 중간으로 하세요? Or do you change it a lot?
Dahee	Usually in the center.
Hair designer	Always in the center?
Dahee	Yes.

다희	안녕하세요, 예약했는데요.
직원	성함은요?
다희	다희요, 12시로요.
직원	라파엘 맞으세요?
다희	뭐라고 하셨죠?
직원	라파엘 선생님이요?
다희	네.
직원	오셨다고 말씀드릴게요, 들어오셔서 앉으세요.
다희	네. 감사합니다. 안녕하세요?
헤어 디자이너	안녕하세요? Hairroin 살롱에 오신 걸 환영합니다. 이쪽으로 오세요. **1** Here's a robe to put on.
다희	네.
헤어 디자이너	오늘 머리 커트하신다고 하셨죠?
다희	**2** Slightly just, trimming, maybe a few inches.
헤어 디자이너	**3** How long has it been since your last haircut?
다희	11월쯤요?
헤어 디자이너	**4** OK, so it's been a while. **5** 그럼… How much are you thinking of taking off?
다희	계속 기르려고요, 긴 머리 스타일이면 될 것 같아요. **6** I mean, I have like face framing, but I don't want any like shorter layers.
헤어 디자이너	네. **7** So how much were you thinking?
다희	아마, 1인치 정도요? 0.5 인치?
헤어 디자이너	이렇게… 이쯤까지요?

다희	너무 짧아요.
헤어 디자이너	너무 짧으세요?
다희	네. 그냥, 다듬는 정도로요.
헤어 디자이너	알겠어요. 그리고 얼굴 라인을 따라 층을 낼 때, **8** **where would you want to see the shortest piece fall?** 왜냐면 여기 앞머리가 있는 게 보여서요.
다희	네, 거긴 더 기르려고요. 그래서 앞머리는 손대지 말아주세요. 이렇게, 이쯤으로요?
헤어 디자이너	그럼, 가장 짧은 길이를 턱 아래 정도로 하면 어떨까요?
다희	좋아요.
헤어 디자이너	얼굴 라인을 따라서 점점 층이 지게 하면 되겠죠? **9** **And do you part your hair in the center?** 아니면 자주 바꾸시나요?
다희	보통 중간으로 해요.
헤어 디자이너	항상 중간으로 타세요?
다희	네.

| WORDS |

make an appointment 예약하다   Let + 사람 + know ~에게 알려주다   take a seat 앉으세요
get your hair cut 머리를 자르다   keep 유지하다   trim 다듬다
bang 가지런히 자른 앞머리   layer 층   chin 턱
graduate 점점 ~이 되다, 차차 변화하다

32

원하는 머리 모양 설명할 때 2
– 염색

뉴요커 다희 씨가 미용실에서 직원과 대화를 나누고 있습니다. 어떤 대화를 나누는지 살펴볼까요?

? 영어로 어떻게 말할까요?

1 머리색을 좀 바꾸고 싶었어요.

힌트 switch

2 예전에 염색한 적이 있는데, 애쉬 브라운 컬러로요.

힌트 dye, ash brown

3 약간 밝은 갈색으로 하이라이트 먼저 하고요.

힌트 subtle, highlight

4 염색을 하신다고 하니, 저는 미디엄 브라운 컬러를 추천해 드리고 싶네요.

힌트 suggest, medium brown

5 커트부터 할게요.

힌트 start, hair cut

6 이쪽으로 오세요, 샴푸해 드릴게요.

힌트 follow, wash

궁금증 해결은
다음 페이지에서

CORE SENTENCES

영어 표현에 관한 궁금증을 해결해 볼까요?

1

머리색을 좀 바꾸고 싶었어요.

I kind of wanted to switch it up.

I kind of wanted to ~.은 '저는 좀 ~하고 싶었어요'라는 의미예요. want만 쓰면 그러길 원한다는 확실한 느낌이 있지만 kind of를 써서 '약간' 그렇게 하기를 원한다는 느낌입니다.

I need[want] a new hairdo.
새로운 머리를 하려고 해요.

'바꾸다'라고 할 때 change를 쓰기도 하지만 switch up도 마찬가지로 '~을 바꾸다'라는 의미를 나타냅니다.

 추가 표현

어떤 머리로 해야 할지 정하기 어려울 때 '헤어스타일 책을 보여주세요'라고 하면 됩니다.

Can I see the hairstyle book?
헤어스타일 책 좀 보여주세요?

2

예전에 염색한 적이 있는데, 애쉬 브라운 컬러로요.

I've had it dyed before, to like an, ash brown.

die와 dye는 철자와 발음이 비슷해서 자주 헷갈리는 단어예요. 하지만 그 뜻은 완전히 다릅니다. die는 '죽다' dye는 '염색하다'는 뜻이에요. die의 과거형은 died, dye의 과거형은 dyed입니다.

She died in 1992 at the age of 63.
그녀는 63세의 나이로 1992년에 돌아가셨어요.

He dyed his hair blue.
그는 머리를 파란색으로 염색했어요.

---

3   약간 밝은 갈색으로 하이라이트 먼저 하고요.

I would want to start out by doing a subtle light-brown highlight.

I would want to는 사실 I would like to로 써야 맞습니다. would like to는 '~이 하고 싶다'라는 뜻인데 want의 공손한 표현이에요.

start out by는 '처음에 ~로 시작하다'는 뜻으로 나중에 다른 것으로 변화를 주겠다는 의도를 나타내고 있어요. subtle은 '티가 안 나는, 감지하기 힘든'이라는 뜻으로 b가 묵음이에요.

---

4   염색을 하신다고 하니, 저는 미디엄 브라운 컬러를 추천해 드리고 싶네요.

If you were to do the color, I'd suggest doing something more of a medium brown.

If you were to는 '만일 ~한다면'이라는 의미입니다. do the color는 머리에 색을 한다니까 '염색을 하다'라는 뜻이 됩니다. I'd suggest는 I would suggest의 축약형으로 '~을 제안할까 합니다'라는 뜻이에요. would는 공손한 표현으로 고객을 상대하는 직원들에게는 필수 표현이에요. more of a medium brown은 미디엄 브라운 컬러를 얘기하는 것으로 여기서 more of는 '정확하게는' 정도의 의미로 보시면 됩니다.

If you were to forget your report, she should be disappointed.
만일 네가 보고서를 까먹는다면, 그녀가 실망할 텐데.

커트부터 할게요.

We'll start with the hair cut.

start with는 '~부터 시작할게요'라는 뜻입니다. 어떤 일이나 과정을 말할 때 가장 첫 번째 단계를 의미해요.

We'll start with the shampoo.
샴푸부터 시작해 드릴게요.

이쪽으로 오세요, 샴푸해 드릴게요.

Follow me this way and we'll wash.

Follow me this way는 '이쪽으로 오세요'라는 의미로 직원이 손님한테 어떤 장소로 안내할 때 쓸 수 있어요. '머리를 감다'는 shampoo[샴푸-]가 가장 먼저 떠오를 텐데요. wash도 '씻다, 머리를 감다'라는 뜻으로 많이 씁니다.

 추가표현

미용실에 따라 샴푸 가격이 포함되어 있지 않을 경우 다음과 같이 물어 볼 수 있어요.

Do you want a shampoo?
샴푸 원하시나요?

머리를 다 하고 나서 거울을 보여달라고 하기고 하는데요. 그럴 때는 다음과 같이 말합니다.

Can I see in the mirror?
거울을 보여주세요.

뉴요커 다희 씨가 미용실 직원과 나누는 대화 내용입니다. 앞에서 배웠던 표현을 확인해 보세요!

Hair designer	And anything else you want to do today?
Dahee	OK. So with color, **1** 머리색을 좀 바꾸고 싶었어요, because this is just my natural hair color right now. Would you recommend the color?
Hair designer	OK. So, do you have any previous color in your hair?
Dahee	**2** 예전에 염색한 적이 있는데, 애쉬 브라운 컬러로요.
Hair designer	And how long ago was this?
Dahee	More than a year.
Hair designer	All right, as far as color, do you want to do something lighter? Darker?
Dahee	Um, I think...
Hair designer	Highlights?
Dahee	Maybe highlights?
Hair designer	Maybe highlights? So because your hair is dark, **3** 약간 밝은 갈색으로 하이라이트 먼저 하고요. And if you want to go lighter than that, in more than one visit, come back and make it lighter and lighter as far as the achieved goal that you want for the color.
Dahee	OK.
Hair designer	**4** 염색을 하신다고 하니, 저는 미디엄 브라운 컬러를 추천해 드리고 싶네요.
Dahee	Medium brown?
Hair designer	To start, with some highlights.
Dahee	OK, sounds good.
Hair designer	Today **5** 커트부터 할게요.
Dahee	Yeah.
Hair designer	**6** 이쪽으로 오세요, 샴푸해 드릴게요.
Dahee	OK. Thanks.

164

헤어 디자이너	오늘 하실 거 더 있으세요?
다희	네. 머리 색깔을, **1 I kind of wanted to switch it up,** 왜냐면 지금 이 머리는 원래 제 머리 색깔이거든요. (어울리는) 색 좀 추천해 주시겠어요?
헤어 디자이너	네. 예전에 하셨던 색깔이 있으세요?
다희	**2 I've had it dyed before, to like an, ash brown.**
헤어 디자이너	그게 언제시죠?
다희	1년도 넘었어요.
헤어 디자이너	알겠습니다, 색깔은, 좀 더 밝게 하고 싶으세요, 아니면 더 어둡게?
다희	음, 제 생각에는…
헤어 디자이너	하이라이트?
다희	하이라이트도 괜찮겠죠?
헤어 디자이너	하이라이트도 괜찮을 것 같으세요? 머리색이 어두운 편이시라 **3 I would want to start out by doing a subtle light brown highlight.** 그보다 더 밝게 하고 싶으시면, 몇 번에 걸쳐서요, 다시 더 밝게 해보고, 좀 더 밝게 해보는 식으로 원하는 색으로 맞춰가는 거죠.
다희	좋아요.
헤어 디자이너	**4 If you were to do the color, I'd suggest doing something more of a medium brown.**
다희	미디엄 브라운이요?
헤어 디자이너	일단은요, 하이라이트도 곁들이고요.
다희	네, 좋아요.
헤어 디자이너	오늘 **5 we'll start with the hair cut.**
다희	네.
헤어 디자이너	**6 Follow me this way and we'll wash.**
다희	네. 감사해요.

| WORDS |

natural hair color 원래 머리색
as far as ~에 관한 한
Sounds good. 좋은 생각이에요.

previous 이전의
lighter 더 밝은 (↔ darker 더 어두운)

more than ~이상의
highlight 부분 염색하다

33 ▶ 미술 전시 전화로 문의할 때

뉴요커 다희 씨가 미술관에 전화해서 안내 메시지를 듣고 있습니다. 어떤 내용인지 살펴볼까요?

❓ 영어로 어떻게 말할까요?

1 상대방의 내선번호를 알고 계신다면 바로 눌러주세요.

[힌트] extension, reach, enter

2 전화가 연결되는 동안 잠시만 기다려주세요.

[힌트] hold, transferred

3 그것은 2월 8일부터 5월 12일까지 열립니다.

[힌트] open, run through

4 입장권은 12월 3일부터 구입하실 수 있습니다.

[힌트] sale

5 이 전시회는 일주일 내내 열릴 예정입니다.

[힌트] exhibitioin

6 메시지를 남겨주세요. 최대한 빨리 연락 드리겠습니다.

[힌트] leave

궁금증 해결은
다음 페이지에서 ❗

CORE SENTENCES

영어 표현에 관한 궁금증을 해결해 볼까요?

1

상대방의 내선번호를 알고 계신다면 바로 누르시거나
이 메시지를 듣는 중간에 언제든 눌러주세요.

If you know the extension you wish to reach, you may enter it now or anytime during this message.

이번 문장은 긴 문장이라 끊어서 차근차근 설명을 해볼게요. **extension**은 '내선번호'라는 의미입니다. 그래서 **if you know the extension**하면 '내선번호를 알고 있다면'이라는 뜻이에요.

the extension (that) you wish to reach는 '연결하고자 하는 내선번호'를 말해요. **(that) you wish to reach**는 앞에 나오는 **extension**을 꾸며주고 있어요. 이런 것을 관계대명사절이라고 하는데 형용사처럼 명사를 뒤에서 꾸며줘요.

enter는 '입력하다'라는 의미로 **you may enter it**은 '그 번호를 입력하세요'라는 뜻입니다. **now or anytime during this message**는 '메시지를 듣는 동안 언제라도' 해당 번호가 나오면 누르라는 의미입니다. 녹음된 메시지에서는 비슷한 표현이 나오기 마련입니다.

If you know the extension, you may enter it at any time.
만일 내선번호를 아시면 언제라도 누르시면 됩니다.

2

전화가 연결되는 동안 잠시만 기다려주세요.

Please hold while your call is being transferred.

Please hold는 '잠시 기다리세요'라는 뜻입니다. **transfer**는 '연결해 주다'라는 의미예요. 따라서 **while your call is being transferred**는 '전화가 연결되는 동안에'라는 뜻입니다.

Your call is being transferred to the receptionist.
당신의 전화를 안내원에게 연결 중입니다.

3

프리다 칼로의 전시 "겉모습만으론 판단할 수 없다"는
2월 8일부터 5월 12일까지 열립니다.

Frida Kahlo "Appearances can be deceiving" will open Feb 8th and run through May 12th.

deceive는 '속이다'라는 뜻입니다. 그래서 "Appearances can be deceiving." 하면 '겉모습은 속일 수 있다' 즉, 겉모습으로 판단할 수 없다는 뜻입니다.

He had been deceiving people for years.
그는 수년 동안 사람들을 속여왔어요.

will open은 '열릴 거예요'라는 뜻입니다.

The exhibition will open with a reception tomorrow.
그 전시회는 리셉션과 함께 내일 열릴 거예요.

run through는 '~까지 계속하다'라는 의미로 run은 '(전시회, 공연 등이) 지속되다'라는 뜻으로 쓰였어요.

The concert ran for 3 months throughout the country.
콘서트가 3달 동안 전국에서 열렸어요.

4

입장권은 12월 3일부터 구입하실 수 있습니다.

Tickets go on sale December 3rd.

sale이란 단어를 들으면 '할인'이라는 말이 가장 먼저 떠오를 텐데요. go on sale이라고 하면 '판매를 시작하다'라는 의미예요. on sale에는 '판매 중인'이라는 뜻이 있거든요.

When do tickets go on sale?
티켓은 언제 판매가 시작되나요?

5

이 전시회는 일주일 내내 열릴 예정입니다.

The exhibition will be open 7 days a week.

7 days a week은 일주일에 7일은 뜻하므로 '일주일 내내'라는 뜻입니다.

Our services and customer service are available 24/7.
우리 서비스와 고객 서비스는 24시간 일주일 내내 이용가능합니다.

6

메시지를 남겨주세요. 최대한 빨리 연락 드리겠습니다.

Please leave a message and we'll get back to you as soon as we can.

leave a message는 '메시지를 남기다'라는 의미예요. leave 대신에 take를 써서 take a message라고 하면 '메시지를 받다'라는 뜻이 돼요.

Did she leave a message for me?
그녀가 제게 메시지를 남겼나요?

Can I take a message? 메시지를 받아드릴까요?

get back to you는 '다시 연락을 드리겠다'는 뜻입니다.

I'll find out the prices and get back to you.
가격을 알아보고 연락을 다시 드리겠습니다.

as soon as we can은 '가능한 빨리'라는 의미입니다.

We'll deliver the products as soon as we can.
가능한 한 빨리 상품을 배달해 드리겠습니다.

뉴요커 다희 씨가 미술관에 전화해서 문의하는 내용입니다. 앞에서 배웠던 표현을 확인해 보세요!

(the voice of the Brooklyn Museum)

Thank you for calling the Brooklyn Museum.

Most of up-to-date information about exhibitions, public program, policies, hours or closure due to inclement weather, please check our website, www.brooklynmuseum.org.

1 상대방의 내선번호를 알고 계신다면 바로 누르거나 이 메시지를 듣는 중간에 언제든 눌러주세요.

If you would like information regarding space rental, please dial extension 166.

If you're a member and would like to speak with a membership representative, please dial extension*** For information about group tours, please email grouptour@brooklynmuseum.org.

Or all other inquiries, please email information@brooklynmuseum.org.

We'll get back to you as soon as we can.

Please press 0 to speak to the museum operator.

2 전화가 연결되는 동안 잠시만 기다려주세요.

(continuously, the voice of the Brooklyn Museum)

Thank you for calling the Brooklyn Museum.

Frida Kahlo exhibition hotline.

We're currently assisting other guests.

Please listen for a few answers to the frequently asked questions.

3 프리다 칼로의 전시 "겉모습만으론 판단할 수 없다"는 2월 8일부터 5월 12일까지 열립니다.

4 입장권은 12월 3일부터 구입하실 수 있습니다.

We strongly recommend purchasing tickets in advance. For detailed information about ticket prices or to purchase tickets, please visit our website, www.brooklynmuseum.org.

5 이 전시회는 일주일 내내 열릴 예정입니다.

If you have additional questions, **6** 메시지를 남겨주세요. 최대한 빨리 연락 드리겠습니다. Thank you.

(브루클린 박물관 안내 음성 메시지)

브루클린 박물관에 전화주셔서 감사합니다.

전시에 관한 대부분의 최신 정보, 공공 프로그램, 정책, 운영 시간 및 악천후로 인한 휴관 등은, 박물관 홈페이지 www.brooklynmuseum.org에서 확인하실 수 있습니다.

1 If you know the extension you wish to reach, you may enter it now or anytime during this message.

대관 정보가 궁금하시다면, 166번을 눌러주세요.

만약 회원이시고 멤버십 담당자와 통화를 원하신다면 ***번을 눌러주세요. 단체 관람에 대한 정보가 필요하시면, grouptour@brooklynmuseum.org로 이메일을 보내주세요.

기타 모든 문의는, information@brooklynmuseum.org로 문의해 주세요.

가능한 한 빨리 답변해 드리겠습니다. 박물관 책임자와 통화를 원하신다면 0번을 눌러주세요.

2 Please hold while your call is being transferred.

(계속 — 브루클린 박물관 안내 음성 메시지)

브루클린 박물관에 전화주셔서 감사합니다.

프리다 칼로 전시회 담당 라인입니다.

현재 다른 고객님을 응대하는 중입니다.

자주 묻는 질문에 대한 답변을 들어주세요.

3 Frida Kahlo "Appearances can be deceiving" will open Feb 8th and run through May 12th.

4 Tickets go on sale December 3rd.

입장권은 미리 구입하시는 게 좋습니다. 입장권 구매와 가격에 대한 자세한 내용을 알고 싶으시다면, 박물관 홈페이지 www.brooklynmuseum.org를 방문해 주세요.

5 The exhibition will be open 7 days a week.

다른 문의 사항이 있으시다면, **6** please leave a message and we'll get back to you as soon as we can. 감사합니다.

| WORDS |

We'll get back to you. 다시 연락하겠습니다.   as soon as we can 최대한 빨리

34

친구 소개할 때

뉴요커 다희 씨가 길거리에서 우연히 만난 친구와 대화를 나누고 있습니다. 어떤 대화를 나누는지 살펴볼까요?

? 영어로 어떻게 말할까요?

1 나 브이로그 하거든. 유튜브 시작했어.

힌트 vlog

2 자기소개 좀 해주시죠.

힌트 introduce

3 이쪽은 애슐리고요. 제 친한 친구 중 한 명이에요.

힌트 this

4 친구로 지낸 지는 2년 됐어요.

힌트 been, two

5 둘 다 개성이 강해서 부딪치죠.

힌트 personalities, clash

6 바로 화해했죠.

힌트 make up for

7 다음에 내 브이로그에 나와.

힌트 vlog

궁금증 해결은
다음 페이지에서 !

CORE SENTENCES

영어 표현에 관한 궁금증을 해결해 볼까요?

1

나 브이로그 하거든. 유튜브 시작했어.

I'm vlogging. I started a Youtube channel.

웹상에서 개인이 글을 위주로 자신의 의견이나 아이디어를 적어서 운영하는 것을 **blog**라고 하는데요. **vlog**는 동영상 위주로 자신의 의견을 표현하는 것을 말해요. **vlog**는 명사로 비디오 로그(**video log**) 라는 뜻이지만, 동사로 '브이로그를 운영하다'라는 뜻도 있어요.

I'm going to vlog my day today.
오늘 하루를 브이로그 해야 겠어요.

vlog는 [브이로그]라고 하는데 사실 **vlog**[뷔로그]처럼 발음해요.

Please visit my YouTube channel.
제 유튜브 채널을 봐주세요.

Do you have YouTube channel?
유튜브 채널 있으세요?

2

자기소개 좀 해주시죠.

You can introduce yourself.

introducing yourself 하면 '자기소개를 하다'라는 의미예요. 여기서 다희 씨가 우연히 만난 친구에 게 자기소개를 해달라고 부탁하면서 **You can introduce yourself.**라고 했는데요. 다음과 같이 말 할 수 있어요.

Could you introduce yourself, please?
자기소개를 해주시겠어요?

3

이쪽은 애슐리고요. 제 친한 친구 중 한 명이에요.

This is Ashley, and she is one of my best friends.

다른 사람에게 누군가를 소개할 때 자주 쓰는 패턴이 바로 **This is ~.**입니다. '이쪽은 ~예요'라는 뜻이에요. **This is my ~.**처럼 **my**를 넣기도 합니다.

This is (my) _____.

> sister
>
> teacher

one of the (최상급) 복수명사는 '(가장 ~한) ~중 하나'라는 의미로 자주 쓰이는 표현이에요. **the** 대신에 **my** 같은 소유격이 들어가기도 해요. 한 가지 **one of the** (최상급) 복수명사가 주어로 올 때 동사는 단수로 해야 합니다.

One of my friends is going to move to New York.
내 친구 중 한 명이 뉴욕으로 이사를 갈 예정이에요.

4

친구로 지낸 지는 2년 됐어요.

We've been friends for two years.

We've는 **We have**의 축약형으로 **We have been ~ for**＋시간은 '과거에서부터 시작되어 ~된지 시간이 얼마가 흘렀다'라는 뜻이에요.

We've been _____ for _____.

a couple 커플	**six years** 6년 (사귄 지 6년 됐어요.)
co-workers 직장 동료	**a few months** 몇 달
parents 부모	**fifteen years now** 이제 15년

174

5

둘 다 개성이 강해서 부딪치죠.

We have very strong personalities so we clash.

personality는 '성격'이라는 뜻으로도 많이 쓰지만, '개성'이라는 뜻도 있어요. 여기서 **have strong personality**는 '개성이 강하다'는 의미예요. **clash**는 '부딪치다'는 뜻으로 두 사람이나 그룹이나 단체가 서로 다른 의견이나 신념을 갖고 있어서 다투는 것을 말해요.

She is kind, but she has no personality.
그녀는 친절하지만 개성은 부족하다.

6

바로 화해했죠.

We made up for it, like instantly.

make up for it는 '만회하다, 보상하다'라는 의미예요. 과거이기 때문에 **made**로 쓰였어요. **instantly**는 '즉시, 바로'라는 뜻이에요. 여기서처럼 **like instantly**라고 하면 더 구어체적이고 캐주얼한 느낌을 줍니다.

How can I make up for what I did?
내가 했던 일을 어떻게 만회할 수 있을까?

7

다음에 내 브이로그에 나와.

You should be in my vlog next time.

should는 '~해보세요'라는 의미로 어떤 일을 권할 때 쓸 수 있는 표현이에요.

You should visit here the next time.
다음에 너도 한 번 와야 해.

뉴요커 다희 씨가 길거리에서 우연히 만난 친구와 나누는 대화 내용입니다. 앞에서 배웠던 표현을 확인해 보세요!

Ashley Oh, my god! Hi!

Dahee Oh, my god! How are you!

Ashley It's so good to see you!

Dahee You, too!

Ashley What're you doing here?

Dahee **1** 나 브이로그 하거든. 유튜브 시작했어. Say "Hi" to the camera. **2** 자기소개 좀 해주시죠.

Ashley OK, I'm Ashley. I live in New York, I just moved to Brooklyn.

Dahee What do you do for a job?

Ashley I'm an actor.

Dahee OK. She also has a dog that's really cute.

Ashley Yeah, she's so cute.

Dahee Oh, my gosh, I haven't seen you in so long.

Ashley I know, how have you been?

Dahee Good. So, OK. **3** 이쪽은 애슐리고요. 제 친한 친구 중 한 명이에요. And we saw, we met 4 years ago, **4** 친구로 지낸 지는 2년 됐어요. Like, really close friends for two years. And we ended up getting lunch one day and realized we are like the same people. And so very compatible we get each other, very, but we fight a lot, too. We fought a lot because **5** 둘 다 개성이 강해서 부딪치죠. And it should, it was just not good when we were both like sensitive, **6** 바로 화해 했죠.

Ashley Absolutely.

Dahee **7** 다음에 내 브이로그에 나와. I'll actually text you, we can make plans.

Ashley I'd love to. That'd be great. OK, so good to see you!

Dahee Say "Bye."

Ashley Bye. Have a good one!

Dahee Bye~

애슐리	우와! 안녕!
다희	어머나! 안녕!
애슐리	진짜 반갑다!
다희	나도!
애슐리	여기 어쩐 일이야?
다희	**1** I'm vlogging. I started a Youtube channel. 카메라에 대고 인사해. **2** And you can introduce yourself.
애슐리	좋아. 저는 애슐리고요. 뉴욕에 살고요, 브루클린으로 막 이사를 왔죠.
다희	어떤 일 하시죠?
애슐리	배우입니다.
다희	좋아요. 이 친구는 강아지를 키우는데요, 정말 귀여워요.
애슐리	네, 정말 귀엽죠.
다희	세상에, 진짜 오랜만이다.
애슐리	그러게, 어떻게 지내?
다희	잘 지내지. 네, 그렇습니다. 자, **3** This is Ashley, and she is one of my best friends. 우리가 처음 만난 게, 4년 전이에요, **4** but we've been friends for two years. 2년 동안 진짜 가깝게 지냈죠. 어느 날 함께 점심을 먹고 나서 우리 둘이 진짜 비슷하다는 걸 알았어요. 그리고 우리는 정말 잘 맞는 친구지만, 많이 싸우기도 했고요. 우리 많이 싸웠어, 왜냐면 **5** we have very strong personalities so we clash. 서로 예민할 때는 좋지 않았어요. **6** but we made up for it, like instantly.
애슐리	그렇지.
다희	**7** You should be in my vlog next time. 문자 할게, 우리 계획을 세워 보자.
애슐리	좋아. 재밌겠다. 정말 반가웠어!
다희	카메라에 인사해.
애슐리	잘 가. 좋은 하루 보내!
다희	안녕~

| WORDS |

move to 이사하다
end up ~으로 끝이 나다
absolutely 절대적으로

oh, my gosh 세상에, 이럴수가
compatible (성향, 생각 등이) 잘 맞는
text 문자를 보내다

close friends 친한 친구
sensitive 예민한

35

야구 표 구매할 때

뉴요커 다희 씨가 야구장에서 매표소 직원과 대화를 나누고 있습니다. 어떤 대화를 나누는지 살펴볼까요?

? 영어로 어떻게 말할까요?

1 **1루에서 가장 가까운 자리는 얼마예요?**

힌트 closest, base

2 **그냥 궁금해서요.**

힌트 curiosity

3 **경기장이 내려다보이는 티켓 중에 가장 저렴한 건 얼마인가요?**

힌트 overlook

4 **저 두 장 주세요.**

힌트 take

5 **경기장 안으로 음식이나 음료 반입되나요?**

힌트 allowed, take

6 **안 돼요, 여기에 구내매점이 있어서요.**

힌트 concessions

7 **(팀 매장은) 여러 군데 있어요.**

힌트 have, team

궁금증 해결은 다음 페이지에서 !

CORE SENTENCES

영어 표현에 관한 궁금증을 해결해 볼까요?

1

1루에서 가장 가까운 자리는 얼마예요?

How much are the seats closest to first base?

How much is/are ~?는 '~는 얼마예요?'라는 의미예요. 이 표현은 가격을 물을 때 많이 쓰는 표현이에요. 이와 비슷한 표현으로 **How much does it cost?**가 있어요.

How much are _____?

        the tickets 티켓

        movie theater snacks 영화관에서 파는 스낵들

        t-shirts 티셔츠

How much do children's tickets cost?
애들 표는 가격이 얼마예요?

the seats closest to first base은 '1루에서 가장 가까운 좌석'이라는 뜻인데요. '~에 가까이'라는 **close to**의 최상급 형태로 써서 **closest to first base** 하면 '1루에서 가장 가까운'이라는 의미입니다.

2

그냥 궁금해서요.

Just out of curiosity.

out of curiosity는 '궁금해서요'라는 의미입니다. 특별히 다른 이유는 없이 그냥 단순히 알고 싶은 이유를 물을 때 쓸 수 있는 표현이에요.

Just out of curiosity, how long is this movie?
궁금해서 그러는데요, 이 영화는 얼마나 걸려요?

CORE SENTENCES

3

경기장이 내려다보이는 티켓 중에 가장 저렴한 건 얼마인가요?

How much are the cheapest tickets overlooking the stadium?

How much are the cheapest tickets는 '가장 저렴한 티켓은 얼마예요?'라는 의미입니다. **tickets overlooking the stadium**은 '스타디움이 내려다 보이는 티켓'이라는 뜻입니다. 이렇게 **overlooking**처럼 동사를 **-ing**형 만들면 명사를 꾸밀 수 있어요. 이를 현재분사라고 하는데 뒤에 다른 말이 붙으면 명사 뒤에서 꾸밀 수 있습니다.

I read a really interesting book about culture.
나는 문화에 대한 정말 재미있는 책을 읽었어요.

I stayed in a room overlooking the sea.
나는 바다가 보이는 방에 머물렀다.

4

두 장 주세요.

I will take two.

take은 '가져가다'라는 뜻으로 많이 알고 있지만 '선택하다, 사다'라는 의미로도 쓰입니다. 여기서 **I will take two.**는 '표를 2장 사겠다[선택하겠다]'는 의미예요. **two** 다음에 **tickets**가 생략되었어요.

I will take ________________.

the black jacket 검은색 재킷
the newest computer 가장 최신 컴퓨터

5

경기장 안으로 음식이나 음료 반입되나요?

Am I allowed to take outside food or drinks into the stadium?

Am I allowed to ~?는 '~해도 되나요?'라는 의미로 허가를 구할 때 쓰는 표현이에요. **be allowed to** 대신에 **could**를 쓸 수 있어요. **outside food and drinks**는 외부 음식이나 음료를 얘기해요. 그래서 **Am I allowed to take outside food?**라고 하면 '외부 음식을 가지고 들어가도 되나요?' 라는 뜻이에요.

Am I allowed to[could] take _____ **to this place?**

my pet 애완동물
my coffee 커피

6

안 돼요, 여기에 구내매점이 있어서요.

No, because we have concessions here.

because는 '~때문에'라는 뜻으로 **because** 다음에는 이유나 원인이 나옵니다.

I often go to the baseball stadium because I like baseball.
아구를 좋아해서 아구장에 자주 가요.

 추가 표현

because와 비슷한 **because of**가 있는데요. 뜻은 같지만 **because**가 접속사이기 때문에 다음에 주어＋동사가 오고 **because of**는 전치사이기 때문에 명사나 명사구가 옵니다.
I feel bad because of the bad weather. 날씨가 안 좋아서 기분이 별로예요.

concession은 공원이나 극장 안에 있는 '구내 매점'이라는 의미입니다. 보통 이렇게 장내에 매점이 있는 경우에는 외부 음식(**outside food**)을 가지고 들어가는 걸 금지하는 경우가 있습니다.

7

(팀 매장은) 여러 군데 있어요.
We have several team stores all over.

several은 '몇 개의'라는 뜻이에요. 따라서 several team은 '몇 개의 팀'을 의미입니다. several은 [쎄브럴]로 발음합니다.

I watched the movie several times before.
그 영화를 이전에 여러 번 봤어요.

➕ 추가 표현

비슷비슷해 보이는 다음 3가지 several, couple, few는 어느 정도의 수를 나타낼까요? 먼저 couple 은 2개를 가리켜요. 그래서, a couple of months ago 하면 '두 달 전에'라는 의미입니다. few와 several은 덜 구체적이에요. few는 some(약간)이라는 의미예요. 그래서 in a few minutes 하 면 몇 분 후에라는 뜻이에요. several은 many 보다는 적지만 few나 couple보다 많다는 걸 의미합니다.

team store는 스타디움에서 유니폼 같은 상품을 파는 매장을 말합니다. 스타디움에는 곳곳에 이런 매장이 있기 마련인데요. '곳곳에'는 영어로 all over라고 해요 all over the place에서 the place가 생략된 형태라고 볼 수 있어요.

There are Yankees fans all over the place.
양키즈 팬이 도처에 널렸어요.

➕ 추가 표현

어떤 팀이나 선수를 열렬히 좋아하는 경우 저는 '~의 열렬한 팬이에요'라는 할 때 a huge fan of라고 표현할 수 있어요.

I'm a huge fan of the New York Yankees.
저는 뉴욕양키즈의 광팬이에요.

Many children all over the world are huge fans of *Harry Potter*.
전 세계의 많은 아이들이 해리포터의 열렬한 팬이에요.

뉴요커 다희 씨가 야구장에서 매표소 직원과 나누는 대화 내용입니다. 앞에서 배웠던 표현을 확인해 보세요!

Dahee	Hi, there.
Box office staff	Hi.
Dahee	OK, so I have a few questions.
Box office staff	I might have a few answers.
Dahee	① 1루에서 가장 가까운 자리는 얼마예요?
Box office staff	So... these... You're talking about these?
Dahee	Yes.
Box office staff	Right, so um... I will look it up for you. So you're talking about like 117 through... that range?
Dahee	Yes.
Box office staff	You don't want to know what these are? Because these are pretty expensive.
Dahee	How much are they?
Box office staff	All right.
Dahee	② 그냥 궁금해서요.
Box office staff	$510.
Dahee	For one ticket? OK. ③ 경기장이 내려다보이는 티켓 중에 가장 저렴한 건 얼마인가요?
Box office staff	Section 406... That's gonna be $10.
Dahee	OK. ④ 저 두 장 주세요.
Box office staff	$20, please. May I see the identification for...?
Dahee	One second.
Box office staff	Thank you very much. All right, thank you very much. Here are your tickets.
Dahee	And I have a few more questions. ⑤ 경기장 안으로 음식이나 음료 반입되나요?
Box office staff	⑥ 안 돼요, 여기에 구내매점이 있어서요. So outside food (and) drink may not be allowed. If it's like bottled water, make sure it has the cap on tight.

Dahee	And then where can I find the team store?
Box office staff	You can actually find the team store, **7** (팀 매장은) 여러 군데 있어요. There's 1 right down towards Hard Rock Cafe near gate 2, or 6 rather. There are a couple of them upstairs.
Dahee	OK. Thank you so much.
Box office staff	You're very welcome.

다희	안녕하세요.
매표소 직원	안녕하세요.
다희	네, 질문이 있는데요.
매표소 직원	제가 답해 드릴 수 있을 것 같아요.
다희	**1** How much are the seats closest to first base?
매표소 직원	그러니까… 여기… 이 자리 말씀이시죠?
다희	네.
매표소 직원	네, 음… 알아봐 드릴게요. 여기 117번 석부터… 이 구역, 말씀하시는 거죠?
다희	네.
매표소 직원	이쪽 좌석은 알고 싶지 않으실 것 같은데요? 이 좌석들이 좀 비싸서요.
다희	얼만데요?
매표소 직원	알겠어요.
다희	**2** Just out of curiosity.
매표소 직원	510달러입니다.
다희	티켓 1장에요? 네. **3** How much are the cheapest tickets overlooking the stadium?
매표소 직원	406번 구역이에요… 10달러입니다.
다희	네. **4** I will take two.
매표소 직원	20달러입니다. 신분증 좀 보여주시겠어요…?
다희	잠시만요.
매표소 직원	감사합니다. 다 됐어요, 감사합니다. 여기 티켓이요.
다희	뭐 좀 여쭤볼게요. **5** Am I allowed to take outside food or drinks into the stadium?
매표소 직원	**6** No, because we have concessions here. 외부 음식과 음료는 반입 금지예요. 생수병 같은 건 뚜껑을 꼭 닫으셔야 해요.
다희	팀 매장은 어디로 가야 하나요?

매표소 직원   팀 매장은요, **7** **we have several team stores all over.** 2번 게이트 근처에 하드록 카페 쪽으로 가면 하나 있고요, 아, 6번이 낫겠네요. 위층에 또 몇 개 더 있습니다.

다희   네. 감사합니다.

매표소 직원   천만에요.

| WORDS |

look up 찾아보다   **range** (야구장에서) 구역   **identification** 신분증
bottled water 병에 든 생수   **cap** 뚜껑   **team store** (야구장에 있는) 팀 매장
a couple of 한두 개의

36 헬스장 등록 전화로 문의할 때

뉴요커 다희 씨가 헬스장에서 직원과 대화를 나누고 있습니다. 어떤 대화를 나누는지 살펴볼까요?

? 영어로 어떻게 말할까요?

1 방문하실 수 있는 날이 언제세요?

힌트 best, come

2 지금 진행 중인 프로모션이 있나요?

힌트 go on, promotions

3 아니면 예정된 거라도요?

힌트 come up

4 사우나 같은 편의시설이 있다고 하셨는데 다른 건요?

힌트 amenities, sauna

5 오늘 오셔서 저희 지점을 둘러보면 좋을 것 같은데, 어떠세요?

힌트 check

6 오늘은 제가 못 갈 것 같아요.

힌트 come

7 다시 전화해서 방문 일정을 잡아볼게요.

힌트 call back

8 제가 무료 체험 수업 일정을 잡아드리겠습니다.

힌트 schedule, trial

궁금증 해결은
다음 페이지에서

CORE SENTENCES

영어 표현에 관한 궁금증을 해결해 볼까요?

1

방문하실 수 있는 날이 언제세요?

What's the best day and time for you to come?

---

the best day and time은 가장 좋은 날짜와 시간이 언제냐는 의미예요. 그래서 **what's the best day and time**은 '어느 날짜와 시간이 괜찮으세요?"라는 뜻입니다.

What's the best day and time to hold an event?
행사를 개최할 수 있는 가장 좋은 때가 언제세요?

for you to come은 '(고객님이) 오시기에'라는 뜻인데요. **to come**의 의미상 주어는 **for you**로 나타냅니다.

It is very nice for you to come and help me. 네가 와서 도와준 것은 정말 친절하다.

2

지금 진행 중인 프로모션이 있나요?

Do you guys have any promotions going on right now?

---

promotions는 '판촉활동'이라는 뜻이에요. 그래서 **have any promotions at this moment**는 '지금 판촉활동을 하는 게 있다'라는 의미입니다.

➕ 추가표현

promotion은 '승진, 진급'이라는 뜻으로도 쓰입니다.
I am glad to hear your promotion. 네 승진 소식을 들으니 기쁘다.

going on right now는 '지금 진행 중인'이라는 뜻으로 앞에 나온 **promotions**를 수식하는 분사구입니다.

Check out all the promotions going on right now.
지금 진행 중인 프로모션을 확인해 보세요.

CORE SENTENCES

3

아니면 예정된 거라도요?

Or if you have any coming up?

'아니면'이라는 의미로 앞에서 말한 것 외에 다른 옵션이 있는지 물어보기 위해 썼어요. **have any coming up**은 '예정되어 있다'는 뜻이에요. 그래서 **or**는 **Or if you have any coming up?**은 '앞으로 곧 있을 것이라도 있나요?'라는 뜻입니다. 이렇게 평서문의 끝을 올려 말하면 의문문이 됩니다.

 추가 표현

or는 '그렇지 않으면 ~일 것이다'라는 뜻으로 강한 추측을 나타낼 때도 쓸 수 있어요.
Hurry up, or you'll be late.
서둘러라, 그렇지 않으면 늦을 테니.

4

사우나 같은 편의시설이 있다고 하셨는데 다른 건요?

The amenities included you said were like the sauna, what else?

amenities는 '편의시설'이라는 뜻으로 주로 복수 형태로 써요. **amenities included you said**는 '포함된 편의시설이 있다고 하셨는데'라는 의미로 **you said**는 삽입구로 들어갔어요. **like**는 '~와 같은'이라는 뜻으로 **were like the sauna**는 '사우나 같은 시설 있다'라는 의미입니다. **sauna**는 [써-나]로 발음합니다. 앞에서 언급한 편의시설 이외에 '그 밖에는요?'라고 물을 때 **What else?**라고 하면 됩니다.

The gym has lots of amenities it offers to its members.
그 헬스장은 회원들에게 제공하는 편의시설이 많아요.

The amenities are like a swimming pool, a gym, food court and so on.
편의시설은 수영장, 헬스장, 푸드코트 같은 것이 있어요.

오늘 오셔서 저희 지점을 둘러보면 좋을 것 같은데, 어떠세요?

Tell me, today is a good day for you to check our club?

Tell me는 '있잖아'라는 뜻으로 질문 앞에 붙이는 말이에요. **check**는 '확인하다, 점검하다'라는 뜻으로 대화문에서 헬스장 시설을 둘러보러 오라고 권유하고 있어요. **for you to check our club**은 앞에 나오는 **a good day**를 꾸며서 '저희 지점을 둘러보기 좋은 날이에요'라는 의미입니다.

Tell me, have you ever been in love?
말해 봐, 사랑에 빠진 적이 있니?

Today is a good day for you to go shopping.
오늘 쇼핑 가기에 좋을 거 같아요.

6

오늘은 제가 못 갈 것 같아요.

I don't think I can come in today.

I don't think I can~은 '~하지 못할 것 같다'는 의미입니다. 아래 빈칸에 단어를 바꿔가면서 연습해 보세요.

I don't think I can _____.

> **do this again** 이것을 다시 하다
> **make it today** 오늘 시간에 맞춰 가다
> **see you tonight** 오늘 저녁에 너를 보다

7

다시 전화해서 방문 일정을 잡아볼게요.

I'll call back and try to schedule a time to come in.

call back은 '다시 전화를 하다'는 의미에요. 여기서는 전화를 다시 한다'는 의미로 I'll call back.이라고 했어요.

I'll call back in 10 minutes.
10분 후에 다시 전화 할게요.

schedule은 '일정'이라는 명사로 많이 쓰지만 '일정을 잡다'라는 동사로도 많이 씁니다. 미국식은 [스케줄], 영국식은 [셰줄]로 발음이 달라요. schedule a time to come in은 '헬스장에 갈 날짜를 잡다'는 의미입니다. to come in은 a time을 꾸며주고 있어요.

8

제가 무료 체험 수업 일정을 잡아드리겠습니다.

I'll schedule for your free trial workout.

I'll schedule for your free trial ~.은 '~수업 일정을 잡아 드릴게요'라는 의미입니다. 이와 비슷한 표현으로 I'll schedule+약속 또는 일정+for+날짜 또는 일을 쓸 수 있어요. free trial workout은 '무료 체험 수업'이라는 뜻으로 workout 외에 다른 단어를 넣어서 여러 상황에서 쓸 수 있어요.

I'll schedule you for a free trial _____.

> **lesson** 수업
> **makeup session** 화장
> **massage** 마사지

I'll schedule a meeting for next Monday.
회의는 다음 주 월요일에 잡아드리겠습니다.

뉴요커 다희 씨가 헬스장 직원과 나누는 대화 내용입니다. 앞에서 배웠던 표현을 확인해 보세요!

Dahee	Hello.
Receptionist	Hi, my name is Alexa. How may I help you?
Dahee	Hi, I was just wanting to get some more information on your gym membership.
Receptionist	Sure. **1** 방문하실 수 있는 날이 언제세요?
Dahee	Um... actually before I come in, I was just wanting to just get the basic information like the cost and everything.
Receptionist	Sure, are you interested in only in West 23rd or multiple (locations) access?
Dahee	Just that location.
Receptionist	Just this location. OK. Do you live near Hoboken?
Dahee	Yes!
Receptionist	OK. So, um, but this location, the price is $39.99 month to month.
Dahee	OK. And... **2** 지금 진행 중인 프로모션이 있나요? **3** 아니면 예정된 거라도요?
Receptionist	Yes, we have a great promotion right now. It's a dollar to join and rest of the month is free.
Dahee	OK. And... **4** 사우나 같은 편의시설이 있다고 하셨는데 다른 건요?
Receptionist	Sure, what is your name?
Dahee	Riley.
Receptionist	Riley? OK... **5** 오늘 오셔서 저희 지점을 둘러보면 좋을 것 같은데, 어떠세요?
Dahee	**6** 오늘은 제가 못 갈 것 같아요. But **7** 다시 전화해서 방문 일정을 잡아볼게요.
Receptionist	OK, Riley. All right, check your schedule and... **8** 제가 무료 체험 수업 일정을 잡아드리겠습니다.
Dahee	OK. Thank you!
Receptionist	Thank you. Have a good one.
Dahee	Bye.

다희   여보세요.

상담원   안녕하세요, 저는 알렉사입니다. 무엇을 도와드릴까요?

다희   안녕하세요, 헬스장 멤버십에 관해 좀 알아보려고 하는데요.

상담원   네. **1** What's the best day and time for you to come?

다희   음… 사실 방문하기 전에, 알아보고 싶은 게 있는데 비용이나 뭐 그런 기본적인 정보를 알아보고 싶어서요.

상담원   네, 웨스트 23번가 지점만 궁금하신가요 아니면 여러, 지점인가요?

다희   그냥 그 지점만요.

상담원   이 지점만요. 네. 호보켄 근처 사시나요?

다희   네!

상담원   알겠습니다. 음, 이 지점은 한 달에 39.99달러고요.

다희   네. 그리고… **2** Do you guys have any promotions going on right now? **3** Or if you have any coming up?

상담원   네, 지금 괜찮은 프로모션이 있어요. 1달러에 가입하고 그달은 무료예요.

다희   네. 그리고… **4** The amenities included you said were like the sauna, what else?

상담원   네, 이름이 어떻게 되시죠?

다희   라일리.

상담원   라일리? 네… **5** Tell me, today is a good day for you to check our club?

다희   **6** I don't think I can come in today. 그러나 **7** I'll call back and try to schedule a time to come in.

상담원   네, 라일리. 일정 확인해 보시고요… **8** I'll schedule for your free trial workout.

다희   네. 감사합니다!

상담원   감사합니다. 좋은 하루 보내세요.

다희   안녕히 계세요.

| WORDS |

membership 회원제   basic 기본의   like ~처럼
be interested in ~에 관심이 있다   month to month 매달   include 포함하다
call back 다시 전화하다   schedule 일정을 잡다

도서관 카드 등록할 때 1
– 정보 확인

뉴요커 다희 씨가 도서관에서 직원과 대화를 나누고 있습니다. 어떤 대화를 나누는지 살펴볼까요?

? 영어로 어떻게 말할까요?

1 호보켄 고객이신가요?

(힌트) patron

2 잠시만요.

(힌트) second

3 카드 확인하려고 전화했어요.

(힌트) call, courtesy

4 이제 제가… (도서관) 대출 카드를 드릴게요.

(힌트) gonna, give

5 여기 저희 도서관 규정과 규칙이 쓰여 있어요.

(힌트) rules and regulations

6 (대출) 시간이랑 대출 절차가 나와 있어요.

(힌트) give, loaning

궁금증 해결은
다음 페이지에서 !

CORE SENTENCES

영어 표현에 관한 궁금증을 해결해 볼까요?

1

호보켄 고객이신가요?

Are you a Hoboken patron?

---

patron은 '후원자'라는 뜻으로 많이 알고 계실텐데요. 여기서는 '고객', 즉 도서관을 자주 이용하는 사람이라는 의미로 쓰였어요.

He is not rich enough to be a patron.
그는 후원자가 될 만큼 부자가 아니에요.

2

잠시만요.

Give me one second.

---

second은 '초'라는 의미로 아주 짧은 시간을 가리킵니다. 그래서 **Give me one second.**은 '잠시만요'라는 의미입니다. 이와 비슷한 표현으로 **Wait a minute., Just a moment.** 등이 있어요.

Just a moment. I'll go and check.
잠시만 기다리세요. 가서 확인할게요.

3

(도서관) 카드 확인하려고 전화했어요. 감사합니다.

I am calling for a courtesy check. Thank you.

I am calling for는 '~때문에 전화드리는데요'라는 뜻이에요. **courtesy check**은 '의례적으로 하는 확인'으로 제시한 서류나 신분에 대한 내용이 맞는지를 확인하는 것을 말해요.

I'm calling for you to change our appointment.
약속을 바꿀 수 있는지 전화했어요.

4

이제 제가… (도서관) 대출 카드를 드릴게요.

What I'm gonna do... I am gonna give you a courtesy card.

gonna는 going to의 구어체로 미래를 나타내요. 따라서 **What I'm gonna do**는 '제가 ~할 거예요'라는 뜻이에요. '**give**＋사람＋사물'은 '~에게 …을 주다'라는 의미예요. **courtesy card**는 은행, 호텔, 도서관 등의 우대권 카드를 뜻해요. 미국에서는 도서관 카드를 가지고 박물관이나 미술관을 이용할 수 있는 혜택이 있기 때문에 일정 기간 머무를 경우 가지고 있으면 다른 서비스를 이용할 수도 있어요.

That's exactly what I'm going to do.
그게 정확히 제가 하려던 거예요.

5

여기 저희 도서관 규정과 규칙이 쓰여 있어요.

This information will tell you the rules and regulations about our library.

tell 하면 '알리다, 말하다'라는 뜻이 먼저 떠오를 텐데요. **tell**의 주어로 글이나 정보 등이 오면 '알려 주다, 보여 주다'라는 의미입니다. 따라서 **This information will tell you ~**는 '여기에 …가 나와 있습니다'라는 의미입니다. **rules and regulations**은 짝꿍처럼 같이 쓰이는 말로 '(특정 단체의) 규칙과 규정'이라는 뜻입니다.

This guide will tell you everything you need to use in this library.
이 가이드는 도서관을 사용하는데 필요한 모든 것이 쓰여 있어요.

They have rules and regulations to keep everyone safe.
그들은 모든 사람들을 안전하게 할 규칙과 규정이 있어요.

6 (대출) 시간이랑 대출 절차가 나와 있어요. 몇 권 대출할 수 있고, 대출 기간은 얼마나 되는지.

It gives you our time, our loaning procedure, how many items you can take out, and how long you can have 'em for.

It gives you ~는 직역하면 '여러분에게 ~을 준다'는 뜻인데, 즉, 여기에서는 '~가 적혀 있어요'라는 의미예요. ~부분에 4가지가 나와서 복잡해 보이지만 it gives you만 알면 쉬운 문장 구조입니다. time은 operation hour, 즉, '운영 시간'을 뜻합니다. loan procedure은 '대출 절차'를 뜻해요. item은 도서관에서 대출이 가능한 모든 것, 즉 책, DVD 등 대출이 가능한 모든 품목을 말합니다. take out은 '빌리다', have'm for는 '가지고 있다'로 도서관에서 대출 한 후 가지고 있는 것을 뜻합니다.

It gives you useful information.
여러분에게 유용한 정보를 줍니다.

I'd like to take this book out.
이 책을 대출하고 싶습니다.

뉴요커 다희 씨가 도서관 직원과 나누는 대화 내용입니다. 앞에서 배웠던 표현을 확인해 보세요!

Dahee	Hi.
Librarian	Hi, good morning.
Dahee	Good morning.
Librarian	How're you doing?
Dahee	Good. I was wanting to see if I can make a library card.
Librarian	OK, sure. **1** 호보켄 고객이신가요?
Dahee	No, Jersey City.
Librarian	Jersey City. Do you have a Jersey City library card?
Dahee	Yes.
Librarian	OK. Do you have your picture ID?
Dahee	Yes.
Librarian	OK. Then I'm gonna call Jersey City up and check in with your card number and ask for a courtesy check to see if all the information you gave me is correct on here. OK?
Dahee	OK.
Librarian	**2** 잠시만요.

(making a call to another librarian at a differen location)

Librarian	Hello, good morning. My name is Deborah. I am calling from Hoboken public library. **3** (도서관) 카드 확인하려고 전화했어요. 감사합니다. The card number is 27578-XXX-XXXXXX. Yes. OK, Han. Yes. 2961... OK. Thank you. Bye.
Librarian	Just called Jersey City, everything you gave me here is correct.
Dahee	OK.
Librarian	So **4** 이제 제가··· (도서관) 대출 카드를 드릴게요. This courtesy card allows you to use it for one year. Because... and also, that up here is our holdings, when you request something, you come here to pick it up.
Dahee	OK.

Librarian	OK, so I'm gonna give you this piece of information. **5** 여기 저희 도서관 규정과 규칙이 쓰여 있어요. OK, inside here we give you our hours, how to search the web, to see what we have, and **6** (대출) 시간이랑 대출 절차가 나와 있어요. 몇 권 대출할 수 있고, 대출 기간은 얼마나 되는지. OK?
Dahee	OK.

다희	안녕하세요.
사서	안녕하세요.
다희	좋은 아침이네요.
사서	오늘 어떠세요?
다희	좋아요. 도서관 카드를 만들고 싶은데요.
사서	네, 그럼요. **1** Are you a Hoboken patron? Thank you.
다희	아뇨, 저지시티요.
사서	저지시티요. 저지시티 도서관 카드 있으세요?
다희	네.
사서	네. 사진이 있는 신분증 있으세요?
다희	네.
사서	좋아요. 제가 저지시티 쪽에 전화해서요, 고객님 도서관 카드 번호를 알려 주고 확인해 달라고 할 거예요, 여기 있는 내용이 다 맞는지 확인하려고요. 괜찮죠?
다희	네.
사서	**2** Give me one second.

(사서가 다른 도서관 사서와 통화)

사서	여보세요, 안녕하세요. 저는 데버러라고 합니다. 호보켄 공립 도서관입니다. **3** I am calling for a courtesy check. Thank you. 카드 번호는 27578- XXX-XXXXXX예요. 네. 네, 한이에요. 네. 2961… 네. 감사합니다. 안녕히 계세요.
사서	저지시티 쪽에 전화했는데 여기 있는 내용이 모두 맞네요.
다희	네.
사서	그럼 **4** what I'm gonna do… I am gonna give you a courtesy card. 이 카드는 1년 동안 쓸 수 있고요, 왜냐면… 아 그리고, 저쪽 위에 있는 건 보관 도서인데, 요청하신 게 있다면 여기 와서 가져가시면 돼요.
다희	네.

사서   네, 그럼 제가 안내서를 하나 드릴게요. **5** This information will tell you the rules and regulations about our library. 자, 안쪽에 보시면 운영 시간, 인터넷 이용 방법, 보유 도서 확인, 그리고 **6** it gives you our time, our loaning procedure, how many items you can take out, and how long you can have 'em for. 아시겠죠?
다희   네.

|WORDS|

public library 공공 도서관   call for ~을 필요로 하다   holding (박물관의) 보유 자산, (도서관의) 보유 도서
pick up ~을 찾아가다

38 ▶ 도서관 카드 등록할 때 2
– 도서관 이용 가이드

뉴요커 다희 씨가 도서관에서 직원과 대화를 나누고 있습니다. 어떤 대화를 나누는지 살펴볼까요?

❓ 영어로 어떻게 말할까요?

1 카드를 만드는 동안 도서관 안내를 간단히 해 드릴게요.

(힌트) tell, brief, go through

2 유효기간은 1년이에요.

(힌트) good

3 카드를 정지시킵니다.

(힌트) put

4 이 이용권들은 48시간 외부 반출이 가능해요.

(힌트) pass, allow

5 연체하면 5달러를 내셔야 해요.

(힌트) late, charge

6 그 책들은 2주 동안 대출 가능합니다.

(힌트) go out

7 모두 이해하셨죠?

(힌트) nail

궁금증 해결은
다음 페이지에서

궁금증 해결은

CORE SENTENCES

영어 표현에 관한 궁금증을 해결해 볼까요?

---

1   카드를 만드는 동안 도서관 안내를 간단히 해 드릴게요.

I'm just gonna tell you a brief about the library as I'm going through making you a card.

I'm just gonna는 **I'm just going to**의 줄임말로 '~하겠어요'라는 의미입니다. 그래서 **tell**이 동사원형이 되었어요.

I'm just gonna tell you what happened.
무슨 일이 있었는지 말해 드릴게요.

tell you a brief는 '간단하게 설명하다'라는 의미예요. **as**는 '~하면서'라는 뜻으로 동시에 진행되는 일을 표현할 때 쓰는 접속사예요. **go through**는 '거치다, 진행하다'라는 의미로 **going through making you a card**는 '카드를 만드는 동안에'라는 의미입니다.

She entered into the office as I was speaking.
내가 말하고 있을 때 그녀가 사무실에 들어왔어요.

---

2   유효기간은 1년이에요.

It's good for a year.

It's good for ~는 '~동안 유효하다'라는 뜻으로 유효 기간을 뜻합니다. 빈칸에 구체적인 숫자를 넣어서 유효기간을 표현해 보세요.

It's good for _____.
         two weeks 2주
         three months 3달
         half a year 6개월

3

카드를 정지시킵니다.
We put a block on your card.

put a block on ~은 '~을 정지하다'라는 뜻이에요. 누군가 어떤 일을 하거나 무슨 일이 벌어지는 것을 막겠다고 할 때 쓸 수 있어요.

We put a block on _____.

        your phone 전화
        your card 카드

4

이 이용권들은 48시간 외부 반출이 가능해요.
These passes are allowed to go out for 48 hours.

be allowed to는 '~이 가능하다'라는 뜻이에요. allow가 '허락하다'는 뜻인데 be allowed가 되면 허락이 된다, 즉 '가능하다'는 의미입니다. are allowed to go out은 '외부 반출이 가능하다'는 뜻이에요.

He allowed me to go home.
그는 내가 집에 가는 걸 허락했어요.

I am allowed to go home.
나는 집에 가도 돼요.

People are not allowed to eat in the reading room.
사람들이 열람실에서 먹으면 안돼요.

연체하면 5달러를 내셔야 해요.

If you are late with them, they'll charge you $5 (for it).

be late는 '늦은'이라는 뜻으로 be late with them에서 them은 the items을 가리켜요. 따라서 If you are late with them은 '반납이 늦어지면'이라는 뜻이에요. charge는 '청구하다'라는 뜻입니다.

6

그 책들은 2주 동안 대출 가능합니다.

They go out for 2 weeks.

go out은 '대출이 되다'라는 뜻으로 They는 책을 가리킵니다. take out도 '(책을) 빌리다' 뜻인데요. 이 때는 사람이 주어로 옵니다. for 다음에는 기간이 나옵니다.

New books go out for 7 days.
신간은 7일간 대출이 됩니다.

모두 이해하셨죠?

We nailed it?

nail은 구어로 '이루다, 해내다'라는 뜻이 있어요. (We) nailed it은 '일이 잘 되다'라는 뜻으로 도서관에 대해 설명을 했기 때문에 '다 이해가 되었죠' 정도로 이해하시면 됩니다. We는 생략하고 nailed it만 쓰기도 해요.

뉴요커 다희 씨가 도서관 직원과 나누는 대화 내용입니다. 앞에서 배웠던 표현을 확인해 보세요!

Librarian	I can make you up a card real quick. And another thing, once you lose this card, they will charge $3 for another card.
Dahee	OK.
Librarian	**1** 카드를 만드는 동안 도서관 안내를 간단히 해 드릴게요.
Dahee	Yeah, so can you just tell me how many books I can loan at a time? The rental date...
Librarian	Girl, yes, yes. You can get up to 50 books. Take out 50 books.
Dahee	50?
Librarian	Yes.
Dahee	OK.
Librarian	Now, this card here, can you please sign? And **2** 유효기간은 1년이에요. Just remember, you're allowed to use it. If somebody else finds your library card and you call us up, **3** 카드를 정지시킵니다. So nobody else will take anything.
Dahee	OK.
Librarian	Let me tell you one thing else. We have... We have here museum passes to all the different museums in the city.
Dahee	Oh, OK.
Librarian	**4** 이 이용권들은 48시간 외부 반출이 가능해요. And this one is up to like a family of the Brooklyn Botanical Garden. We also have children museums. We also have the Guggenheim's. Now you take this with your library card and you show them, it's like VIP. You don't have to wait in line for them.
Dahee	And those are for the museums around the city?
Librarian	Yes, around the city. And you have them for, like I said, 48 hours. **5** 연체하면 5달러를 내셔야 해요.
Dahee	OK.
Librarian	You cannot put 'em in our book drop or media drop outside. You have to bring 'em inside.

Dahee	OK. And then, so just make sure. You can check out up to 50 books at a time and then... Will you tell me how long I can loan out them for?
Librarian	Yes. If you get the new books, which I showed you this area here, the new section, **6** 그 책들은 2주 동안 대출 가능합니다.
Dahee	2 weeks.
Librarian	Yes. So, and then if you go see in the back and you want old fiction or old nonfiction, they go out for 4 weeks.
Dahee	4 weeks. OK.
Librarian	Yes.
Dahee	Perfect, thank you.
Librarian	**7** 모두 이해하셨죠?
Dahee	Yes.
Librarian	Yes.
Dahee	All right. Thank you so much.
Librarian	OK. You're welcome. My name is Deborah, and have a blessed day.
Dahee	Thank you.
Librarian	Thank you.

사서	제가 바로 카드를 만들어 드릴게요. 그리고 하나 더요, 일단 카드를 분실하시면, 재발급 비용은 3달러예요.
다희	알겠어요.
사서	**1** I'm just gonna tell you a brief about the library as I'm going through making you a card.
다희	네, 그럼 한 번에 책을 몇 권 빌릴 수 있는지 알려 주시겠어요? 대출 기간은…
사서	네, 네. 50권까지요. 50권까지 대출이 가능해요.
다희	50권이요?
사서	네.
다희	알겠습니다.
사서	자, 여기 이 카드에, 서명해 주시겠어요? 그리고 **2** it's good for a year. 본인만 사용할 수 있다는

	것 기억하시고요. 만약 다른 누군가가 카드를 발견하고 전화주시면, **3** We put a block on your card. 아무도 사용할 수 없게 되죠.
다희	알겠어요.
사서	하나 더 알려 드릴게요. 저희한테... 저희한테 박물관 이용권이 있어서 이 도시에 있는 다양한 박물관을 이용할 수 있어요.
다희	아, 네.
사서	**4** These passes are allowed to go out for 48 hours. 이건 브루클린 식물원 관련이고요. 어린이 박물관도 있어요. 구겐하임도 있고요. 도서관 카드와 함께 이것들을 보여주시면 돼요, VIP처럼요. 줄 서서 기다리지 않아도 돼요.
다희	여기 도시에 있는 박물관만 해당하는 거죠?
사서	네. 이 도시요. 그리고 말씀드린 대로 48시간 동안 쓸 수 있어요. **5** If you are late with them, they'll charge you $5 (for it).
다희	네.
사서	이 이용권은 도서 반납함이나 밖에 있는 미디어 반납함에 반납하실 수 없어요. 안으로 가져 오셔야 해요.
다희	네. 그럼, 확인 좀 할게요. 책은 한 번에 50권까지 대출이 가능하고요… 대출 기간은 얼마나 되는지 알려주시겠어요?
사서	네. 만약 이쪽에 있는 신간 코너에서 책을 빌리시면, **6** they go out for 2 weeks.
다희	2주요.
사서	네. 그리고, 뒤쪽에 있는 신간이 아닌 소설이나 논픽션 도서 대출을 원하시면, 4주 가능하고요.
다희	4주요. 알겠습니다.
사서	네.
다희	좋아요, 감사합니다.
사서	**7** We nailed it?
다희	네.
사서	네.
다희	좋네요. 감사합니다.
사서	천만에요. 저는 데보라고요, 좋은 하루 보내세요.
다희	감사합니다.
사서	감사합니다.

| WORDS |

take out (도서실에서 책을) 빌리다　　**charge** 청구하다　　**loan** 대출하다
get up to ~에 이르다

206

39

박물관 티켓과 전시 문의할 때

뉴요커 다희 씨가 박물관에서 안내 직원과 대화를 나누고 있습니다. 어떤 대화를 나누는지 살펴볼까요?

(?) 영어로 어떻게 말할까요?

1 이를테면, 진행 중인 특별 전시 같은 게 있나요? (힌트) have, go on

2 오늘은 끝났어요. 지금은 맡긴 걸 찾아가는 것만 돼요. (힌트) close

3 (여기 있는) 두 개 금액은 특별 전시에 해당하는 거예요. (힌트) based

4 그럼 기본 입장료에 특별 전시를 하나 하면 28달러네요.
(힌트) admission

5 만약 여기 티켓 창구로 직접 오면, 원하는 금액을 내는 거죠?
(힌트) come, counter

6 한국어로 된 게 있나요? (힌트) get

7 귀엽네요. (힌트) adorable

8 진짜 인상적이네요. 누가 만들었는지 박수쳐 주고 싶어요.
(힌트) impressive

9 정말 와볼 만한 것 같아요. 솔직히 한 번 이상 오면 좋을 것 같아요.
(힌트) worth coming to

궁금증 해결은
다음 페이지에서 (!)

CORE SENTENCES

영어 표현에 관한 궁금증을 해결해 볼까요?

1

이를테면, 진행 중인 특별 전시 같은 게 있나요?

Do you guys have any, like, special exhibitions going on?

Do you have ~?는 '~이 있나요?'라는 의미예요. **guys**는 생략이 가능합니다. **any like special exhibitions**는 '특별 전시회 같은 것'이라는 뜻이에요. **going on**은 '(행사나 전시 등이) 진행 중인, 계속되고 있는'이라는 의미입니다.

Here is a list of festivals going on this year!
올해 진행 중인 축제 목록이 여기 있어요!

2

오늘은 끝났어요. 지금은 맡긴 걸 찾아가는 것만 돼요.

It's closed for the day.
It's only pick up at this time.

It은 the museum을 가리켜요. **closed**는 '닫힌, 영업이 끝난'이라는 뜻이에요. 그래서 **It's closed for the day.**는 '(박물관이) 오늘은 끝났어요'라는 의미예요. 주어+**is closed for the day** 패턴으로 '~이 문을 닫았다(휴업이다)'라고 표현할 수 있어요. **for the day**는 today라는 의미입니다.

_____ **are closed for the day.**
Banks 은행
Restaurants 식당
Schools 학교

It's only pick up at this time.은 '(짐을) 찾아가는 것만 된다.'라는 의미로 쓰였는데요. **pick-up**은 '맡긴 짐을 찾아간다'는 뜻입니다. **at this time**은 '지금 이 시간에는'이라는 의미예요.

3

(여기 있는) 두 개 금액은 특별 전시에 해당하는 거예요.

The other two prices are based on the special exhibitions.

be based on은 '~을 토대로 하다'는 뜻으로 티켓의 가격이 특별전시회를 기준으로 매겨진 것이라는 뜻입니다.

 추가 표현

본문 대화문에서 박물관 직원이 **suggest**라는 동사를 쓰는 이유는 이 박물관이 기부(**donation**)로 운영되기 때문이에요. 정해진 가격이 있는 게 아니라 그 가격을 기부금으로 내라고 제안하고 있기 때문에 **suggest**라고 표현했어요.

The movie was based on a true story.
영화는 실화를 바탕으로 만들어 졌어요.

4

그럼 기본 입장료에 특별 전시를 하나 하면 28달러네요.

So the general admission with one special exhibition is $28.

general admission은 '일반 입장'이라는 의미예요. **with**는 '~이 포함된'이라는 뜻으로 **with one special exhibition**은 '특별 전시가 한 가지 포함된'이라는 것을 뜻해요.

I am looking for a tour with a guide or docent.
가이드나 도슨트가 있는 투어를 찾고 있어요.

추가 표현

입장료가 기부금(**donation**)으로 운영되는 미술관이나 박물관에서는 원하는 금액을 내고 들어갈 수 있는데요. 그럴 때 다음과 같이 표현합니다.
You pay as you wish just to go inside.
원하는 금액을 내고 들어가실 수 있어요.

▶ CORE SENTENCES

5

만약 여기 티켓 창구로 직접 오면, 원하는 금액을 내는 거죠?

If we come here at the counter ourselves, it's just pay what you wish?

---

come here는 '여기로 오다', at the counter는 '티켓 창구'를 뜻해요. ourselves는 주어인 we가 '직접 온다'는 것을 나타내요. it's pay what you wish는 '원하는 금액을 내다'는 뜻으로 정해진 입장료가 없다는 걸 뜻해요. 보통 기부금으로 운영되는 박물관은 원하는 금액만 내면 됩니다.

6

한국어로 된 게 있나요?

Can I get one in Korean?

Can I get ~?은 '~을 주시겠어요?'라는 의미예요. one은 a pamphlet(팸플릿)을 가리킵니다. 여기서 팸플릿이 정해진 것이 아니라 여러 개 중에서 불특정한 어떤 하나를 가리키기 때문에 대명사 one을 썼어요. 반면에 특정한 것을 가리킬 때는 대명사 it을 써야 합니다. in Korean은 '한국어로 된'이라는 의미입니다.

7

귀엽네요.

That's adorable.

---

adorable은 '사랑스러운, 귀여운'이라는 의미예요. 사랑스러운 느낌이 들어서 너무 매력적인 사람이나 동물, 사물에 쓸 수 있어요.

What an adorable kitten!
정말 사랑스러운 새끼 고양이!

8

진짜 인상적이네요. 누가 만들었는지 박수 쳐 주고 싶어요.

Oh, my gosh, really impressive.
I applaud you, whoever did this.

Oh my gosh는 놀라움을 표현할 때 쓰는 감탄사예요. impressive는 '인상적인'이라는 뜻으로 어떤 것을 보고 경외감이 들 때 이런 표현을 쓰는데 주어로는 인상적인 느낌을 주는 것이 와요. 반면에 '내가 인상을 받았다'고 할 때는 I'm impressed라고 합니다. applaud는 '박수 갈채를 보내다, 손뼉 치다'라는 뜻이에요. whoever는 의문문에서 놀라움을 나타내어 '도대체 누가 이런 것을 했단 말인가'라는 느낌입니다.

This picture was really impressive.
이 그림은 진짜 인상적이에요.

I am really impressed with this picture.
나는 이 그림을 보고 정말 감명 받았어요.

9

정말 와볼 만한 것 같아요. 솔직히 한 번 이상 오면 좋을 것 같아요.

It's really worth coming to, I think
honestly more than once… this place.

worth -ing는 '~할 가치가 있는'이라는 의미예요. worth는 형용사이지만 다음에 목적어가 오는 특이한 경우예요. It's really worth coming to this place는 '올 만한 가치가 있는 곳이다'라는 의미입니다. honestly는 '솔직하게', more than once는 '한번 이상'이라는 뜻입니다.

This museum is worth visiting once in a lifetime.
일생에 한 번 이 박물관에 방문할 만한 가치가 있어요.

뉴요커 다희 씨가 박물관에서 안내 직원과 나누는 대화 내용입니다. 앞에서 배웠던 표현을 확인해 보세요!

Dahee	Hi, I just have a few questions. Um... we are allowed to take photos in here and everything right?
Front officer	In museum? Yes.
Dahee	**1** 이를테면, 진행 중인 특별 전시 같은 게 있나요?
Front officer	They are closed for the day.
Dahee	They all closed for the day? OK. And um... I had a few more... Oh, do you guys do bag checks?
Front officer	**2** 오늘은 끝났어요. 지금은 맡긴 걸 찾아가는 것만 돼요. It's the last hour so you're not gonna find any of the specials or coat checks open at this time. Just walk the museum freely.
Dahee	What is the usual ticket price here? So... adults...
Front officer	Museum only without any of special exhibitions, is suggested. The price for adult is $23, (it's) suggested for any student or senior or any child. **3** (여기 있는) 두 개 금액은 특별 전시에 해당하는 거예요. If you wanna see one special for adult, it's $28. For more than one is $33 per person.
Dahee	OK. **4** 그럼 기본 입장료에 특별 전시를 하나 하면 28달러네요 and all of it, all these special exhibitions is $33 for adults?
Front officer	Correct.
Dahee	OK. And is this if we buy it online? Or do you guys...
Front officer	Yes, you can buy them online, but it's only for the special exhibition. If you want to pay all suggested prices, let's say, you, online, have to pay the $23, If you come to a visitor representative, you pay as you wish just to go to inside.
Dahee	Oh, so... **5** 만약 여기 티켓 창구로 직접 오면, 원하는 금액을 내는 거죠?
Front officer	Just for the museum.
Dahee	OK, and what about audio guides?
Front officer	We do not have.
Dahee	You don't have audio guides?

Front officer	Inside, I can give you a pamphlet if you want.
Dahee	Oh, yeah. **6** 한국어로 된 게 있나요?
	Yeah. That one. OK. Thank you.
Front officer	You're welcome.
Dahee	**7** 귀엽네요. Honestly, though, they got it pretty much perfect I think, like all the details and on the fur and like… They even got… you can't really see it, but they even got like him drooling out of his mouth. That's so funny. They got like the veins popping out of his face, the moles and details on his… on their antlers… the horns. **8** 진짜 인상적이네요. 누가 만들었는지 박수쳐 주고 싶어요. **9** 정말 와볼 만한 것 같아요. 솔직히 한번 이상 오면 좋을 것 같아요.

다희	안녕하세요, 뭐 좀 여쭤보려고요. 음… 여기에서 사진을 찍거나 해도 괜찮은지요?
프런트 직원	박물관 안에서요? 네.
다희	**1** Do you guys have any, like, special exhibitions going on?
프런트 직원	오늘은 모두 끝났어요.
다희	오늘 다 끝났어요? 네. 음… 그럼… 아, 물품 보관소가 있나요?
프런트 직원	**2** It's closed for the day. It's only pick up at this time. 마지막 입장 시간이라 지금 시간에는 특별 전시를 이용하거나 외투보관소를 이용할 수 없어요. 그냥 자유롭게 박물관을 돌아보시면 돼요.
다희	보통 티켓 가격은 얼마나 하나요? 그럼… 성인은…
프런트 직원	특별 전시를 빼고 박물관만 보시면, 그건 여기 나와 있어요. 성인은 23달러고요, 여기는 학생이나 어르신, 아이들 가격이에요. **3** The other two prices are based on the special exhibitions. 전시를 하나 보시면 28달러고요. 하나 이상 관람하시려면 1인당 33달러입니다.
다희	네. **4** So the general admission with one special exhibition is $28 그리고 전시를 다 보면 성인은 33달러라는 거죠?
프런트 직원	맞습니다.
다희	네. 온라인으로 구입할 수 있나요? 아니면…
프런트 직원	네, 온라인으로 구입 가능하세요, 그런데 특별 전시만요. 만약 여기 표에 나온 가격으로 계산하시려면, 예를 들어, 온라인에서는 23달러예요. 만약 방문객 센터로 오셔서 구입하시면, 원하는 금액을 내고 들어가실 수 있어요.
다희	오, 그럼… **5** if we come here at the counter ourselves, it's just pay what you wish?

REAL SITUATION in NEW YORK

프런트 직원	박물관 관람만요.
다희	네, 오디오 가이드는 어떻게 되나요?
프런트 직원	그 서비스는 없습니다.
다희	오디오 가이드는 없다고요?
프런트 직원	원하시면 안쪽에 있는 팸플릿을 드릴 수 있어요.
다희	아, 네. **6** Can I get one in Korean? 네. 그거요. 네. 감사해요.
프런트 직원	천만에요.
다희	**7** That's adorable. 근데 솔직히 진짜 완벽한 것 같아요, 디테일 하며, 털 같은 것도 그렇고요… 심지어, 저기… 안 보이시겠지만, 심지어 입에서 침 흘리는 것까지 표현되어 있어요. 진짜 재미있네요. 얼굴에 튀어나온 혈관이랑, 반점, 그리고 저 디테일… 뿔 위에 있는… 사슴뿔도 있어요. **8** Oh, my gosh, really impressive. I applaud you, whoever did this. **9** It's really worth coming to, I think honestly more than once… this place.

| WORDS |

bag checks 가방을 맡기는 곳　　**visitor representative** 방문객 센터　　**pamphlet** 팸플릿
fur 털　　**drool** 침을 흘리다　　**vein** 정맥
out of ~밖으로　　**mole** 반점　　**antler** (사슴의) 뿔

214

40

치과 예약 전화할 때

뉴요커 다희 씨가 치과 직원과 전화로 대화를 나누고 있습니다. 어떤 대화를 나누는지 살펴볼까요?

？ 영어로 어떻게 말할까요?

1 오신 적 있으세요, 아니면 처음이세요? 힌트 current patient

2 제가 위쪽 어금니에 통증이 있어요, 왼쪽이요. 힌트 pain

3 저 사랑니는 뺐어요. 힌트 wisdom, take

4 차가운 걸 마시거나 딱딱한 음식을 씹을 때 많이 아픈 느낌이에요.
힌트 sensitive, whenever

5 그렇게 오래 두기엔 통증이 심해서요. 힌트 big, pain

6 토요일에는 진료 안 하시나요? 힌트 open

7 더 늦은 시간은요? 힌트 later

8 치과 보험 있으세요? 힌트 insurance

9 오늘 12시 30분으로 진료 예약 잡아 드릴게요. 괜찮죠? 힌트 put

10 혹시 저희 주소 알고 계신 거죠? 힌트 know, by any chance

궁금증 해결은
다음 페이지에서 ！

영어 표현에 관한 궁금증을 해결해 볼까요?

1 오신 적 있으세요, 아니면 처음이세요?

Are you a current patient or a new patient?

a current patient은 '현재 다니는 환자', 즉 '와본 적 있는 환자'를, a new patient는 '처음 방문하는 환자', 즉 '와본 적 없는 환자'를 뜻합니다. 아래와 같이 말할 수도 있습니다.

Have you been here before?
오신 적이 있으신가요?

2 제가 위쪽 어금니에 통증이 있어요, 왼쪽이요.

I have pain along the molar areas on the top, the left side.

I have pain은 '통증이 있다'는 의미예요. along the molar는 '어금니를 따라'라는 뜻이고요. on the top는 '위쪽에', left side는 '왼쪽에'라는 의미입니다.

➕ 추가표현

이가 아플 때 hurt나 have a toothache를 써서 표현하는 방법을 알아볼게요.

I have a terrible toothache.
치통이 아주 심해요.

My inner tooth hurts.
어금니가 아파요.

3

저 사랑니는 뺐어요.

I've had my wisdom teeth taken out.

'이를 빼다'는 **take out**인데요. '저 사랑니는 뺐어요'는 I've had my wisdom teeth taken out.'이라고 했어요. 이처럼 '**I have**＋사물 목적어(**A**)＋과거분사(**B**)'는 처음 영어를 배울 때 조금 어렵게 느껴질 수 있지만 아주 사용 빈도가 높은 유용한 표현이에요. 직역하면 '**A**가 **B**되도록 시키다'라는 뜻이지만 의역을 해야 자연스러워요. **have** 대신 **get**을 써도 돼요. '사랑니'는 **wisdom teeth**라고 해요. 어른이 되어 철이들 무렵에 난다고 해서 이런 이름이 붙여졌다고 해요. '이를 빼다'와 비슷한 표현으로 **pull out**도 있어요.

She had a wisdom tooth pulled out yesterday.
그녀는 어제 사랑니를 뺐어요.

4

차가운 걸 마시거나 딱딱한 음식을 씹을 때 많이 아픈 느낌이에요.

It's very sensitive whenever I drink cold things, and chew on hard foods.

'(치아가) 시린'은 **sensitive**로 표현합니다. 여기서 **It**은 **tooth**을 가리킵니다. 따라서 It's very sensitive 하다는 것은 '이가 시리다'는 의미예요. **whenever**는 '할 때마다'라는 의미의 접속사예요. **drink cold thing**은 차가운 것을 마시다, **chew on hard foods**는 딱딱한 음식을 먹을 때마다 이가 시리다는 뜻이에요.

Whenever I felt bad, I used to watch funny movies.
기분이 안 좋을 때마다, 웃긴 영화를 보고는 했어요.

5

그렇게 오래 두기엔 통증이 심해서요.

I think, it's too big of a pain to wait that long.

too big of a는 '너무 심한' 혹은 '너무 큰'이라는 뜻이에요. 그래서 too big of a pain은 '통증이 심하다'는 의미인데요. too big a pain라고 하기도 해요.

It's too big of a risk for a company.
회사로서는 너무 큰 위험이 따르는 일이에요.

wait that long은 '그만큼 오래 기다리다'는 의미예요.
I can't wait that long.
그렇게 오래 기다릴 수 없어요.

6

토요일에는 진료 안 하시나요?

Do you guys not open on Saturdays?

open은 '열다'라는 의미로 Do you not open on Saturdays?는 '토요일에는 진료 안 하시나요?'라는 의미입니다. Are you open on Saturdays도 이와 비슷한 표현이에요. 이것을 긍정문으로 Do you open on Saturdays? (토요일에 문을 여시나요?)로 물어볼 수도 있어요.

 추가표현

영업을 언제 시작하는지, 혹은 언제 문을 닫는지 궁금할 때 what time을 써서 물어볼 수 있어요.
What time do you open?
언제 문을 여나요?

What time do you close?
언제 문을 닫나요?

7

더 늦은 시간은요?

Do you have a later time?

have a later time은 '더 늦은 시간이 있다'라는 의미인데요. 이와 비슷한 표현으로 **Do you have something ~?** (~이 시간이 되나요?) 패턴을 써서 표현할 수도 있습니다.

Do you have something _____**?**

　　　　　　　　　on Friday 금요일에

　　　　　　　　　this morning 오늘 아침에

　　　　　　　　　earlier 더 일찍

　　　　　　　　　later 나중에

 추가 표현

'제가 오늘 저녁에 더 일찍 가도 될까요?'라고 할 때 **come**을 써서 말할 수 있어요. **come**은 '오다'라는 뜻으로 많이 알고 있지만 상대방쪽으로 간다고 할 때는 '가다'라는 의미도 되거든요. 여기서 상대방이란 첫째, 내가 지금 전화통화를 하고 있는 상대방이거나 둘째, 지금 나랑 대화하고 있는 상대방이 될 수도 있어요.

Can I come earlier in the evening? 저녁에 더 일찍 가도 돼요?

Can I come later in the morning? 아침에 더 늦게 가도 돼요?

8

치과 보험 있으세요?

Do you have dental insurance?

insurance는 '보험'이라는 뜻으로 **dental insurance**은 '치과 의료 보험'이라는 의미예요. 이와 비슷한 표현으로 **dental coverage**를 쓰기도 합니다. 치료 예약을 할 때 접수원이 의료 보험이 있는지 물어볼 거예요. 병원에 가기 전에 이렇게 환자의 기본 정보를 묻는 것이 보통인데요. 의사가 이런 정보를 모르면 보험료를 청구할 수가 없기 때문이라고 합니다.

Do you have dental insurance? = Do you have dental coverage?

▶ CORE SENTENCES

9

오늘 12시 30분으로 진료 예약 잡아 드릴게요. 괜찮죠?
I'll put you for 12:30 today. Okay?

'put＋사람＋down for＋시간'이라고 하면 '~을 위한 명단에 …의 이름을 올려놓다'라는 의미예요.
여기서는 down이 생략했는데 down을 넣어야 해요. 이 대신에 We'll see you at 12:30 today.
라고 할 수도 있습니다.

We'll put you down for next week.
다음 주에 예약을 잡아 놓을 게요.

10

혹시 저희 주소 알고 계신 거죠?
Do you know our address
by any chance?

Do you know our address? 하면 '우리 주소는 아시죠?라는 의미인데요. by any chance를
쓰면 '혹시라도'라는 뜻으로 어떤 것이 사실인지 묻는 느낌이 있는데요 주로 의문문에서 쓰여요.

Have you been here before by any chance?
혹시 여기에 오신 적이 있나요?

 추가표현

by chance는 by any chance와 비슷한 형태인데요. '우연히'라는 의미예요.
I came across her again by chance.
우연히 그녀를 다시 만났어요.

🎧 40. mp3

뉴요커 다희 씨가 치과 직원과 전화로 나누는 대화 내용입니다. 앞에서 배웠던 표현을 확인해 보세요!

Staff	Good Morning, Dr. Brian's office.
Dahee	Hi, I was wanting to see if I could schedule an appointment.
Staff	**1** 오신 적 있으세요, 아니면 처음이세요?
Dahee	No, a new patient.
Staff	Miss, what date are you looking forward to coming in?
Dahee	**2** 제가 위쪽 어금니에 통증이 있어요, 왼쪽이요.
Staff	Lower left, correct?
Dahee	No, upper.
Staff	OK, and do you think this is like a wisdom tooth?
Dahee	No, **3** 저 사랑니는 뺐어요. So I don't have any, but it just feels like... almost like... **4** 차가운 걸 마시거나 딱딱한 음식을 씹을 때 많이 아픈 느낌이에요.
Staff	We do have... can you come in today?
Dahee	Um, I don't think I can come in today, but maybe sometime like next week? Or... actually not next week. **5** 그렇게 오래 두기엔 통증이 심해서요. Tomorrow? **6** 아니면, 토요일에는 진료 안 하시나요?
Staff	Yes, we're not open on this specific Saturday. But we do have availability on Monday at 10:30.
Dahee	OK. And what about today?
Staff	Today will be at... you can come in at 12:30?
Dahee	**7** 더 늦은 시간은요?
Staff	No, we have the only time we have today.
Dahee	OK, then I'll do 12:30.
Staff	What is your last name?
Dahee	Han. H.A.N.
Staff	And first name?
Dahee	Riley.
Staff	Please spell that for me.
Dahee	R.I.L.E.Y
Staff	OK. **8** 치과 보험 있으세요?

Dahee   Yes.

Staff   What's the name of your insurance?

Dahee   Yes, actually no, I don't

Staff   Oh, you don't? Okay, so for the cost of the examination, it's going to be $150, is that OK with you?

Dahee   Yeah, that's fine.

Staff   OK, Ms. Han. **9** 오늘 12시 30분으로 진료 예약 잡아 드릴게요. 괜찮죠?

Dahee   OK, thank you.

Staff   And, just get your phone number just in case if anything.

Dahee   OK, 417-XXX-XXXX.

Staff   That was 417, correct? OK, Riley. So see you today at 12:30.

Dahee   OK, thank you.

Staff   You're welcome. **10** 혹시 저희 주소 알고 계신 거죠?

Dahee   Yeah, yeah, I do.

Staff   OK, perfect! All right, see you then.

Dahee   OK, thank you.

Staff   You're welcome, bye.

Dahee   Bye.

직원   안녕하세요, 닥터 브라이언 사무실입니다.

다희   안녕하세요, 진료 예약을 좀 잡고 싶은데요.

직원   **1** Are you a current patient or a new patient?

다희   아뇨, 처음이요.

직원   진료일은 언제로 원하시나요?

다희   **2** I have pain along the molar areas on the top, the, left side.

직원   왼쪽 아래요, 맞나요?

다희   아뇨, 위쪽이요.

직원   네, 사랑니인가요?

다희   아뇨, **3** I've had my wisdom teeth taken out. 그래서 사랑니는 아닌데, 뭐라고 해야 할까요… **4** It's very sensitive whenever I drink cold things, and chew on hard foods.

직원   진료 일정이… 혹시 오늘 오실 수 있으세요?

다희 음, 오늘은 어려울 것 같아요, 다음 주쯤에는 가능할 것 같은데요? 아니면… 아, 사실 다음 주 말고요. **5** I think, it's too big of a pain to wait that long. 내일은 어떨까요? **6** Or do you guys not open on Saturdays?

직원 네, 저희가 이번 주 토요일에는 진료가 없어요. 하지만 월요일 10시 30분에 진료 가능하시네요.

다희 알겠습니다. 오늘은요?

직원 오늘은… 12시 30분에 오실 수 있으세요?

다희 **7** Do you have a later time?

직원 없습니다, 오늘은 그 시간밖에 안 남았어요.

다희 네, 그럼 12시 30분으로 할게요.

직원 성이 어떻게 되시죠?

다희 한이요. H. A. N.

직원 이름은요?

다희 라일리예요.

직원 철자를 알려주세요.

다희 R. I. L. E. Y

직원 **8** Do you have dental insurance?

다희 네.

직원 어느 보험사세요?

다희 음, 아, 없네요.

직원 아, 없으시다고요? 네, 그럼 검사비가 150달러인데, 괜찮으세요?

다희 네, 괜찮아요.

직원 네, 알겠습니다. **9** I'll put you for 12:30 today, OK?

다희 네, 감사합니다.

직원 그리고 전화번호 하나 알려주세요, 혹시 몰라서요.

다희 네, 417-XXX-XXXX.

직원 417번, 맞나요? 네, 라일리님. 오늘 12시 30분에 뵙겠습니다.

다희 네, 감사합니다.

직원 천만에요. **10** Do you know our address by any chance?

다희 네, 네, 알고 있어요.

직원 네, 알겠습니다! 그럼, 그때 뵐게요.

다희 네, 감사합니다.

직원 천만에요, 들어가세요.

다희 들어가세요.

| WORDS |

wisdom tooth 사랑니   **by any chance** 혹시   **spell** 철자를 말하다

Good Job, everyone! See you next book.